Olga Ermolitskaya

Contabilidade e controlo dos investimentos em activos de longo prazo

Olga Ermolitskaya

Contabilidade e controlo dos investimentos em activos de longo prazo

ScienciaScripts

Imprint
Any brand names and product names mentioned in this book are subject to trademark, brand or patent protection and are trademarks or registered trademarks of their respective holders. The use of brand names, product names, common names, trade names, product descriptions etc. even without a particular marking in this work is in no way to be construed to mean that such names may be regarded as unrestricted in respect of trademark and brand protection legislation and could thus be used by anyone.

Cover image: www.ingimage.com

This book is a translation from the original published under ISBN 978-620-2-07314-1.

Publisher:
Sciencia Scripts
is a trademark of
Dodo Books Indian Ocean Ltd. and OmniScriptum S.R.L publishing group

120 High Road, East Finchley, London, N2 9ED, United Kingdom
Str. Armeneasca 28/1, office 1, Chisinau MD-2012, Republic of Moldova, Europe
Printed at: see last page
ISBN: 978-620-7-79703-5

CONTEÚDO.

REFERÊNCIA.

O volume do trabalho científico é de 57 páginas de texto dactilografado num computador. A bibliografia é representada por 36 fontes, 1 apêndice.

Palavras-chave: activos de longo prazo, inventário, auditoria, classificação de activos de longo prazo, bens imóveis, locação, IFRS, contabilidade, conta, subconta, activos fixos, depreciação.

Objeto de investigação: organização de responsabilidade limitada "Profitagro" do distrito de Starodorozhsky da região de Minsk.

Objeto do estudo: investimentos em activos não correntes.

Objetivo do trabalho: estudar a contabilidade e o controlo dos investimentos em activos a longo prazo, identificar as deficiências existentes e desenvolver formas de melhorar este domínio da contabilidade e do controlo.

Métodos de investigação: comparações, comparações, relações de equilíbrio, cálculo-analítico, monográfico e cálculo-construtivo.

Investigações e desenvolvimentos: como resultado da investigação, são estudadas as bases teóricas dos investimentos em activos a longo prazo, são consideradas a contabilidade e o controlo dos investimentos em activos a longo prazo com base no exemplo da LLC "Profitagro" do distrito de Starodorozhsky da região de Minsk.

Grau de aplicação: as orientações para melhorar a contabilidade dos investimentos em activos a longo prazo, em conformidade com os requisitos das normas internacionais, são testadas no exemplo da LLC "Profitagro", distrito de Starodorozhsky, na região de Minsk, tal como evidenciado pelo ato de utilização prática.

Âmbito de aplicação: as propostas apresentadas sobre a melhoria da contabilidade e do controlo dos investimentos em activos a longo prazo podem ser aplicadas na LLC "Profitagro" do distrito de Starodorozhsky da região de Minsk e noutras organizações agrícolas.

Importância do trabalho: foram apresentadas propostas específicas para melhorar a eficácia da utilização da contabilidade e do controlo dos investimentos em activos a longo prazo.

INTRODUÇÃO

As organizações agrícolas da República da Bielorrússia são especializadas na produção vegetal e animal e, por isso, necessitam de uma modernização e renovação constantes do capital fixo e de exploração para um funcionamento mais eficiente do complexo económico nacional. Para este efeito, é necessário atrair fundos consideráveis dos investidores. Os investimentos no desenvolvimento da agricultura podem vir tanto sob a forma de subsídios estatais como do estrangeiro. Podem ser atraídos sob diferentes formas de investimento: financeiro, intelectual e real.

Os activos a longo prazo são o instrumento que permite a uma empresa gerir a sua atividade. Em regra, na maioria das empresas industriais, uma parte significativa da propriedade pertence aos activos a longo prazo. O seu estado e utilização eficaz afectam diretamente os resultados finais da atividade económica das organizações [3].

O funcionamento eficaz das organizações a longo prazo, garantindo taxas elevadas de desenvolvimento e aumentando a competitividade nas condições de mercado modernas, é largamente determinado pelos parâmetros de qualidade das suas actividades de investimento. Neste caso, um papel importante é desempenhado pela otimização razoável do custo dos investimentos em activos a longo prazo, que subsequentemente formam o valor inicial dos activos fixos e intangíveis. Por sua vez, isto leva a uma redução do montante das despesas de amortização e, consequentemente, a um aumento da eficiência, ou seja, um aumento do lucro por 1 rublo de investimentos em activos a longo prazo.

De acordo com os dados preliminares do Comité Nacional de Estatística da República da Bielorrússia, os investimentos em janeiro-junho de 2017 no sector real da economia (exceto bancos) os investidores estrangeiros investiram 4,9 mil milhões de euros [10].

Os principais investidores das organizações da República foram entidades empresariais da Federação Russa (39,6% de todos os investimentos recebidos), do Reino Unido da Grã-Bretanha e Irlanda do Norte (28,3%) e de Chipre (7,4%).

A entrada de investimentos estrangeiros directos totalizou 4,1 mil milhões de FE, ou 83,1 por cento de todos os investimentos estrangeiros recebidos. Em janeiro-junho de 2017, as organizações do país (exceto os bancos) enviaram para o estrangeiro investimentos no valor de 2,6 mil milhões de FE. Volumes significativos de investimentos das organizações do país foram enviados para entidades económicas da Federação Russa (65,7% de todos os investimentos dirigidos), Ucrânia (17,1%), Reino Unido da Grã-Bretanha e Irlanda do Norte (8%).

30 de janeiro de 2017. O Conselho de Ministros da República da Bielorrússia adoptou a Resolução n.º 84 "Sobre questões de amortização de activos fixos e activos

incorpóreos em 2017", destinada a criar condições para o funcionamento eficiente das entidades económicas [22].

De acordo com o documento, é concedido às organizações e aos empresários individuais o direito de não cobrar amortizações sobre a totalidade ou parte dos activos fixos e intangíveis por eles utilizados na sua atividade empresarial de 1 de janeiro a 31 de dezembro de 2017. Ao mesmo tempo, este direito não se aplica aos activos fixos utilizados na prestação de serviços de habitação, serviços de utilidade pública e transportes à população, que são subsidiados a expensas de fundos orçamentais.

De acordo com a Resolução, a vida útil padrão e a vida útil dos ativos fixos e intangíveis são estendidas por um período igual ao período em que a depreciação não foi cobrada.

A relevância deste documento é que a correção da contabilidade dos activos a longo prazo na empresa é de grande importância e, em certa medida, afecta a fiabilidade das demonstrações financeiras de uma entidade empresarial. O presente documento considera a essência dos investimentos em activos de longo prazo, a contabilidade e o controlo sobre os mesmos, os problemas e as formas de melhorar a contabilidade e o controlo dos investimentos em activos de longo prazo no contexto da convergência das normas nacionais de contabilidade para activos de longo prazo com os requisitos das Normas Internacionais de Relato Financeiro (a seguir designadas - IFRS).

O objetivo do trabalho científico é estudar a organização e a metodologia da contabilidade e do controlo dos investimentos em activos a longo prazo e desenvolver formas de os melhorar, a fim de aumentar a eficiência da utilização dos bens de uma entidade empresarial.

Os principais objectivos do estudo são:

- reflectem a essência económica, o conteúdo dos investimentos em activos a longo prazo e a sua classificação;

Identificar problemas e formas de melhorar a contabilização dos investimentos em activos de longo prazo;

- estudar a organização do controlo interno e externo dos investimentos em activos não correntes.

O objeto de investigação do presente documento são os investimentos em activos a longo prazo na LLC "Profitagro" do distrito de Starodorozhsky da região de Minsk.

O objeto do estudo é a metodologia de contabilização e controlo dos investimentos em activos a longo prazo.

No estudo deste tema, foram utilizados métodos científicos gerais como a síntese, a análise, a comparação, a descrição, a generalização, a analogia, a indução, a dedução e a abordagem sistémica. A par destes métodos, foram utilizados no estudo do tema aspectos teóricos da contabilidade aplicados tanto em países estrangeiros como no nosso país: os princípios básicos da contabilidade, as características qualitativas da informação das demonstrações financeiras, consideradas em estreita inter-relação, bem como as disposições da legislação em vigor e das IFRS.

A base teórica para a redação do trabalho foi constituída por trabalhos científicos de cientistas, desenvolvimentos de economistas profissionais, materiais de publicações periódicas, literatura metodológica e educacional especial sobre contabilidade de cientistas como Chechetkin A.S., Bepershch T.I., Kutselay E. V., Klippert E.N., Dalezkai T.A., manual IFRS e outros. V., Klippert E.N., Datskai T.A., manual IFRS e outros.

CAPÍTULO 1

BASES TEÓRICAS DA CONTABILIDADE E DO CONTROLO DOS INVESTIMENTOS EM ACTIVOS DE LONGO PRAZO PROFITAGRO LTD. DO DISTRITO DE STARODOROZHSKY DA REGIÃO DE MINSK, REGIÃO DE MINSK

1.1 Substância económica dos investimentos em activos não correntes e objectivos contabilísticos

Os activos não correntes são um elemento essencial do processo de produção. Incluem activos que se destinam a ser utilizados nas operações de uma entidade por um período superior a 12 meses, ou que se destinam a ser alienados ou liquidados mais de 12 meses após a data de relato, ou que não são caixa ou equivalentes de caixa [28].

Os investimentos em activos não correntes são os investimentos da organização em objectos que serão subsequentemente aceites para efeitos de contabilidade como activos fixos, bens imobiliários de investimento, activos incorpóreos e outros activos não correntes.

Os activos a longo prazo da organização incluem: activos fixos, activos intangíveis, investimentos de rendimento em activos tangíveis, equipamento para instalação e materiais de construção, investimentos financeiros a longo prazo, bem como investimentos em activos a longo prazo [11, p. 351].

Todas as organizações possuem bens que, de acordo com a legislação, são registados como activos no balanço. O principal objetivo da aquisição de activos não correntes é a sua utilização no processo de produção, prestação de serviços ou venda de bens, e não a sua revenda. Outras finalidades dos activos não correntes podem também incluir a locação financeira, a utilização para fins administrativos e a manutenção de activos fixos.

Os activos a longo prazo constituem a maior parte de todos os activos das empresas e têm um impacto significativo no desempenho da entidade empresarial.

De acordo com o Comité Nacional de Estatística da República da Bielorrússia, em 2016, o valor inicial dos activos fixos totalizou 205 627 milhões de rublos, o que representa mais 18 135 milhões de rublos do que em 2015 (187 492 milhões de rublos). A parte da depreciação acumulada no valor inicial dos activos fixos na República da Bielorrússia em 2016 foi de 41,0%, o que é 0,2% mais do que em 2015 (40,8%) [25].

Uma utilização mais completa e racional dos activos a longo prazo da organização contribui para a melhoria de todos os seus indicadores técnicos e económicos: crescimento da produtividade do trabalho, aumento da produtividade das existências, aumento da produção, diminuição do seu custo, poupança de investimentos em activos a longo prazo. Neste caso, para melhorar a eficiência da seleção e implementação das decisões de gestão, é necessário aplicar a análise económica.

Na economia moderna, a contabilidade torna-se uma fonte de informação inestimável para a gestão e os proprietários de uma organização quando formam os preços e os custos dos produtos, a fim de controlar qualitativa e globalmente a utilização dos activos a longo prazo e identificar oportunidades de investimento.

A maioria dos activos a longo prazo é formada de acordo com um único princípio: a sua participação a longo prazo no processo de produção (mais de um ano) e a transferência de valor para os produtos fabricados em prestações ao longo de vários anos. Por conseguinte, os chamados activos a longo prazo estão constantemente no volume de negócios dos fundos da empresa (organização). Ao mesmo tempo, transferem o seu valor para produtos manufacturados (obras, serviços) através de encargos de depreciação. O ciclo deste volume de negócios é mais longo, mas é efectuado constantemente [30].

Ao mesmo tempo, os activos não correntes são classificados como activos fracamente líquidos. Isto significa que só podem ser convertidos em dinheiro sem perdas significativas após períodos de tempo significativos (a partir de seis meses). É evidente que os activos imobiliários fundamentais adaptados a um determinado tipo de negócio são muito mais difíceis de vender no mercado do que, por exemplo, os bens de consumo ou os activos de curto prazo (produtos líquidos, existências).

Os activos a longo prazo caracterizam-se igualmente pelo facto de serem mal geridos do ponto de vista operacional, uma vez que a sua estrutura apresenta pouca variabilidade em períodos curtos de tempo.

Assim, os activos de longa duração são activos que estão repetidamente envolvidos nas actividades comerciais da organização, transferem gradualmente o seu valor para o valor de uso recentemente criado (produtos manufacturados), têm uma vida útil superior a 1 ano, são adquiridos não para venda mas para uso e têm ou não forma física.

Intimamente relacionada com os conceitos anteriores está a categoria de "investimento", uma vez que, essencialmente, não é mais do que a utilização de capital para gerar mais dinheiro.

A categoria económica "gestão de investimentos" entrou muito recentemente no volume de negócios científico nacional.

O fator mais importante para aumentar a eficiência da utilização do investimento na organização é um clima de investimento favorável, que é determinado pelas seguintes condições [33]: a possibilidade de incentivos iguais para investidores nacionais e estrangeiros, proteção contra expropriação, requisições pelo Estado; diferimento de impostos para tecnologias de capital intensivo e intensivo; isenção de impostos para organizações e outras novas empresas durante vários anos, etc. O fator mais importante para aumentar a eficiência da utilização do investimento na organização é um clima de investimento favorável.

As formas de investimento em activos a longo prazo são: criação de nova produção; aquisição de activos incorpóreos; aquisição de organizações; expansão de organizações; construção de instalações de produção adicionais na organização existente (construção), a fim de criar capacidades de produção adicionais ou novas; nova construção; modernização - um conjunto de medidas para melhorar o nível técnico e económico com base na introdução de equipamento e tecnologia avançados, etc.

Uma entidade pode investir numa parte da propriedade, edifícios, instalações, equipamento e outros activos tangíveis a fim de os tornar disponíveis para uso temporário para obter rendimento como propriedade de investimento ou segundo acordos de locação financeira.

Para efeitos contabilísticos, os investimentos em activos não correntes são classificados de acordo com várias características, que podem ser analisadas no Quadro 1.1.

Tabela 1.1 - Classificação dos Investimentos em Activos de Longo Prazo por Diversas Características

Características de classificação dos investimentos em activos não correntes	Tipos de investimentos em activos não correntes
Por estrutura reprodutiva	- investimentos em novas construções; - na expansão; - para a reconstrução; reequipamento técnico.
Por objetivo	- investimentos em activos não correntes investimentos na construção de instalações de produção; - investimentos em construções não produtivas.
Por sector económico	- investimento no sector; - investimento na construção; - investimentos na agricultura; investimentos nos transportes; - investimentos comerciais; - aos cuidados de saúde; - investimento na educação.

Por método de execução do trabalho	-realizada por contratação; -executado por método económico.
Por fonte de financiamento	- apoio estatal (meios do orçamento da república, meios dos orçamentos locais, meios do fundo de inovação, etc.); - fontes próprias (lucros da organização); - fontes de empréstimo e de captação (empréstimos bancários, empréstimos de várias organizações).
Por estrutura tecnológica custos de construção	- obras de construção e instalação; -Trabalhar na instalação de equipamentos; - aquisição de equipamentos que necessitem e não necessitem de instalação, previstos nos orçamentos de construção; - compra de ferramentas e inventário incluídos nas estimativas de construção; - outros trabalhos e custos.
Pelo método da inclusão, os custos que aumentam o valor do objeto da contabilidade	- *custos directos* - custos que podem ser diretamente atribuídos a um objeto específico da contabilidade no momento da sua ocorrência; - *custos indirectos* - custos que não podem ser diretamente atribuídos a um objeto específico da contabilidade no momento da sua ocorrência.

Nota - elaboração do autor

Em conformidade com as instruções relativas ao procedimento de elaboração das demonstrações contabilísticas, aprovadas pela Resolução n.º 111 do Ministério das Finanças da República da Bielorrússia, de 31.10.2011, os activos a longo prazo incluem igualmente "contas a receber a longo prazo", para além das rubricas supramencionadas.

Os principais objectivos da contabilização dos investimentos em activos de longo prazo são [8]:

- a classificação correcta dos activos como activos não correntes;

- a reavaliação atempada dos activos fixos e o reflexo dos seus resultados nas contas contabilísticas;

- escolha adequada dos métodos de avaliação dos activos não correntes;

- amortização atempada e exacta dos activos fixos e intangíveis;

- reconhecimento correto e atempado das adições e alienações de activos não correntes, etc.

- determinação correcta e reflexão do valor de inventário dos activos fixos, terrenos, recursos naturais, activos intangíveis;

- desenvolvimento de um fluxo documental racional para a contabilização dos investimentos em activos a longo prazo;

- Reflexão atempada, completa e fiável das despesas de investimento em activos de longo prazo nos documentos primários e na contabilidade por tipos e rubricas de custos;

- controlo da disponibilidade e da utilização de fontes de financiamento para investimentos a longo prazo, etc.

Assim, os activos a longo prazo constituem a parte principal de todos os activos das empresas e têm um impacto significativo nos resultados da atividade da entidade económica, e os investimentos em activos a longo prazo representam a totalidade dos custos atribuídos à criação de novos equipamentos técnicos e à reconstrução de activos fixos existentes.

1.2 Essência e significado do controlo dos investimentos em activos não correntes

A proporcionalidade das fontes de financiamento dos investimentos em activos a longo prazo e o volume de obras de construção e instalação concluídas, os custos de aquisição de activos fixos e incorpóreos garantem a estabilidade financeira da organização e a preservação dos fundos próprios em circulação [27].

Dada a importância do conceito económico "investimentos em activos a longo prazo" tanto para a entidade económica como para a economia em geral, a auditoria desta área do trabalho contabilístico permite resolver uma série de tarefas globais. Nomeadamente, a auditoria revela se as operações que envolvem investimentos em activos não correntes cumprem o quadro regulamentar e jurídico da República da Bielorrússia.

No que se refere ao controlo dos investimentos em activos a longo prazo, importa referir que a organização deve proceder à auditoria do livro de contabilidade geral, à alienação de activos fixos, à verificação do procedimento de inventário anual dos activos fixos, à verificação da exatidão do reflexo das amortizações sobre os activos fixos, à auditoria da contabilidade dos investimentos em activos corpóreos e à verificação dos investimentos em activos a longo prazo. Em cada item da auditoria realizada, são indicadas as violações, bem como as recomendações para a sua correção. Tudo isto está refletido no relatório sobre os resultados da auditoria da organização [12, p. 86].

A essência do controlo dos investimentos em activos de longo prazo consiste em determinar a eficiência da utilização dos fundos afectados a investimentos em activos de longo prazo, a atualidade, a exaustividade e a fiabilidade da contabilidade analítica destes investimentos.

Consoante a forma de investimento, os investimentos em activos a longo prazo subdividem-se em: aquisição (compra) de objectos; criação de objectos, incluindo através de trabalhos tecnológicos de investigação e desenvolvimento e de experimentação e conceção e outros.

Nesta base, os investimentos em activos não correntes são testados de duas formas:

- verificação dos investimentos em activos de longo prazo relacionados com a nova construção, a reconstrução, a expansão e o reequipamento técnico de activos fixos existentes;

- verificação das operações de aquisição (compra) de activos fixos.

Os objectivos de controlo dos investimentos em activos não correntes incluem

-Fornecimento de investimentos com documentação de conceção e estimativa;

- cumprimento do plano de investimento de capital;

- uma reflexão atempada, completa e exacta dos custos por tipos e objectos de investimentos de capital;

- a correção da determinação do valor de inventário dos objectos de construção postos em funcionamento e a sua entrada nas imobilizações da organização;

- a correção da organização da contabilidade" e a informação sobre as actividades de investimento.

Os objectivos da contabilidade e do controlo dos investimentos em activos não correntes são [29]:

- Reflexão atempada, completa e exacta de todas as despesas incorridas por tipo e objectos contabilizados;

- assegurar o controlo da evolução dos trabalhos, da entrada em funcionamento das instalações de produção e de outros activos fixos e incorpóreos;

- determinação e registo correctos do custo inicial das imobilizações, dos terrenos, dos recursos naturais e das imobilizações incorpóreas;

- controlo da disponibilidade e da utilização de fontes de financiamento para investimentos a longo prazo.

As fontes de informação para o controlo dos investimentos em activos a longo prazo são as seguintes contratos de empreitada e de fornecimento de equipamento; listas de títulos dos locais de construção; livro de registo das obras de construção e instalação concluídas (Formulário n.º C-6); certificados de aceitação das obras de construção e instalação concluídas (Formulário n.º C-2); certificados de custo das obras concluídas e custos (Formulário n.º C-3); documentos primários sobre a contabilidade da mão de obra e respetivo pagamento, consumo de materiais; registos contabilísticos - ordens de pagamento n.º 10-C, 11-C, declarações n.º 5-C "Liquidações com clientes (empreiteiros gerais) e empreiteiros (subempreiteiros) para trabalhos realizados ou programas de máquinas relevantes; relatórios estatísticos "Relatório sobre a entrada em funcionamento de instalações e execução de trabalhos contratuais (formulário n.º 1 - KS (urgente)), etc.". [5, c. 116].

Particularmente importante na gestão dos investimentos em activos a longo prazo é o sistema de controlo que garante a exaustividade e a correção das acções futuras destinadas a reduzir os custos e a melhorar a eficiência da produção. Os activos são agrupados em controlados e não controlados. Os activos controláveis são activos a longo prazo que o chefe de uma unidade estrutural pode controlar diretamente ou sobre os quais pode ter uma influência significativa. Por sua vez, os activos de longo prazo não controlados não dependem das actividades das subdivisões estruturais da organização (por exemplo, a reavaliação de activos fixos que resulta num aumento dos encargos de depreciação, as alterações nos preços dos combustíveis e dos recursos energéticos, etc.) e, consequentemente, o chefe da subdivisão estrutural não os pode controlar ou influenciar.

O auditor deve prestar especial atenção à verificação da correção da perda de contabilização dos custos dos investimentos em activos de longa duração em activos fixos locados previstos no contrato de locação. Estes investimentos podem ser efectuados a expensas do locador como redução da renda do locatário ou a expensas do locatário. Se o acordo previr investimentos de capital em activos fixos locados a expensas do locatário, eles são transferidos para o locador sem encargos no final do prazo da locação. A transferência é formalizada por registos contabilísticos de transferência gratuita de activos fixos. Os investimentos de capital concluídos em activos fixos locados são contabilizados nas contas relevantes da subsecção 12 "Activos fixos" e são reconhecidos no balanço do locador como valor adicional dos activos fixos locados.

A auditoria dos investimentos em activos de longo prazo inclui a auditoria [31, p.25]:

- as imobilizações (verificação da exatidão da atribuição de objectos às imobilizações, estimativa do custo das imobilizações, contabilização e reflexo nos registos contabilísticos das amortizações e da depreciação das imobilizações, realização e reflexo nos registos contabilísticos da reavaliação, reflexo nos registos contabilísticos da receção, cessão, movimento interno das imobilizações, custos da sua reconstrução (modernização, restauro));

- activos incorpóreos (verificação da exatidão da atribuição de objectos a activos incorpóreos, da sua avaliação, da exatidão da contabilização da amortização e da depreciação de activos incorpóreos, da exatidão da contabilização da receção e da alienação de activos incorpóreos);

- investimentos de rendimento em activos corpóreos (verificação da exatidão da contabilidade das transacções comerciais com bens imobiliários de investimento, itens de renda financeira (leasing)).

Os inventários e os custos da entidade auditada estão sujeitos a uma auditoria obrigatória [31, p. 26]:

- a exatidão da atribuição de objectos a materiais e artigos separados dentro dos meios de rotação, a exatidão da sua estimativa de custos, o reflexo nos registos contabilísticos da receção, da introdução na produção ou da transferência para a exploração, outra eliminação de materiais e artigos separados dentro dos meios de rotação, bem como a exatidão da formação e utilização de reservas para redução do custo das existências;

- correção da contabilidade da produção de produtos acabados e da sua venda, receção e venda de mercadorias, contabilidade das despesas de venda de produtos, bens, obras, serviços;

- correção da formação e reflexão na contabilização dos custos directos das produções principais e auxiliares, produção geral e custos económicos gerais, custos de manutenção das produções e explorações, perdas por defeitos, correção da avaliação e reflexão na contabilização da produção inacabada, determinação do custo dos produtos acabados.

O problema da contabilização dos investimentos em activos não correntes é a falta de atenção dos gestores à contabilidade. É necessário introduzir um controlo adicional da contabilidade dos activos a longo prazo por parte da direção da empresa. Isto implica a familiarização do gestor com os documentos contabilísticos, o estudo dos actos normativos em vigor neste domínio. Esta abordagem permitirá gastar os fundos de forma mais racional na aquisição de activos a longo prazo e aumentar a disciplina da sua utilização pelos trabalhadores da empresa. Além disso, é necessário introduzir uma análise da eficiência da utilização de activos a longo prazo com base em dados contabilísticos sob o controlo direto do chefe da empresa. Neste caso, o gestor terá uma visão mais completa da situação da empresa.

Em nossa opinião, deve também ser dada uma atenção especial às demonstrações contabilísticas das empresas relacionadas com a contabilização dos investimentos em activos a longo prazo. Determinar corretamente os métodos contabilísticos adoptados na definição da política contabilística de uma organização.

Na prática das organizações, existem transacções que envolvem a venda de investimentos a longo prazo com um pagamento a prestações (leasing) calculado ao longo de vários anos. Quando se realizam operações de venda de investimentos de longo prazo a prestações por um longo período de tempo, existe um problema de reflexão na contabilização dos proveitos e dos custos das acções relativas a esta operação. Uma vez que os recebimentos em numerário serão efectuados durante um longo período de tempo e que não existe uma garantia definitiva de que todo o numerário será recebido, o reconhecimento contabilístico dos rendimentos provenientes da venda desses activos em prestações deve ser adiado [12, p. 87].

Assim, o controlo dos investimentos em activos não correntes é a parte mais importante da contabilidade e para a organização no seu conjunto, uma vez que o controlo desta área do trabalho contabilístico permite resolver uma série de tarefas globais. Mais precisamente, as actividades de controlo revelam a conformidade das operações com investimentos em activos não correntes com o quadro regulamentar e legal da República da Bielorrússia. Durante a auditoria, é possível identificar eventuais violações e corrigi-las com segurança, sem muitas consequências para a organização.

1.3 Contabilidade e controlo dos investimentos em activos não correntes de acordo com as normas internacionais

Estão a ser desenvolvidas várias normas para alinhar os indicadores de informação da República da Bielorrússia pelas normas internacionais.

Em 19 de dezembro de 2015, entraram em vigor os Regulamentos sobre o Procedimento de Aplicação das Normas Internacionais de Relato Financeiro e respectivas Interpretações Adoptadas pela Fundação das Normas Internacionais de Contabilidade na República da Bielorrússia, aprovados pela Resolução do Conselho de Ministros da República da Bielorrússia e do Banco Nacional da República da Bielorrússia n.º 1043/20, de 15.12.2015 [14].

As Normas Internacionais de Relato Financeiro são um conjunto de documentos (normas e interpretações) que regulam as regras de elaboração das demonstrações financeiras exigidas pelos utilizadores externos para a tomada de decisões económicas numa organização.

A contabilização e o controlo dos investimentos em activos não correntes são regidos pelas seguintes normas internacionais: IFRS 5 "Activos Não Correntes Detidos para Venda e Unidades Operacionais Descontinuadas", IAS 16 "Activos Fixos Tangíveis", IAS 17 "Locações", IAS 20 "Contabilização dos Subsídios do Governo e Divulgação de Apoios do Governo", IAS 23 "Custos de Empréstimos Obtidos", IAS 40 "Propriedades de Investimento".

O objetivo da IFRS 5 é determinar a forma de contabilizar os activos detidos para venda e de apresentar e divulgar informações sobre as unidades operacionais descontinuadas.

Especificamente, esta IFRS 5 exige [19]:

- que os activos que satisfazem os critérios para serem classificados como detidos para venda são mensurados pelo menor valor entre a sua quantia escriturada e o justo valor menos os custos de venda, e a depreciação desses activos é descontinuada;

- que os activos que satisfazem os critérios para serem classificados como detidos para venda são apresentados separadamente na demonstração da posição financeira e os resultados das unidades operacionais descontinuadas são apresentados separadamente na demonstração do rendimento integral.

Os requisitos de mensuração da IFRS 5 aplicam-se a todos os activos não correntes reconhecidos e grupos para alienação (tal como descrito no parágrafo 4), exceto os activos listados no parágrafo 5, aos quais continua a ser exigido que sejam mensurados de acordo com essa Norma.

As disposições de mensuração desta IFRS 5 não se aplicam aos seguintes activos que estão sujeitos às normas listadas, quer como activos separados quer como parte de um grupo para alienação:

- activos por impostos diferidos (IAS 12 Impostos sobre o Rendimento);

- activos decorrentes de benefícios dos empregados (IAS 19 Benefícios dos Empregados);

- activos financeiros no âmbito da IFRS 9 Instrumentos Financeiros;

- activos não correntes que são contabilizados de acordo com o modelo de justo valor da IAS 40 Propriedades de Investimento;

- activos não correntes que são mensurados pelo justo valor menos os custos de vender de acordo com a IAS 41 Agricultura;

- direitos resultantes de contratos de seguro tal como definido na IFRS 4 Contratos de Seguro.

A IFRS 5 não exige que uma entidade deprecie um ativo não corrente enquanto este estiver classificado como detido para venda ou enquanto fizer parte de um grupo para alienação classificado como detido para venda. Os juros e outros gastos relacionados com os passivos de um grupo para alienação classificado como detido para venda devem continuar a ser reconhecidos.

De acordo com a IAS *16, os activos fixos tangíveis são* activos detidos para utilização na produção ou fornecimento de bens e serviços, para aluguer a terceiros ou para fins administrativos durante mais de um período [15].

O objetivo da MCBY(IAS) 16 é definir o tratamento contabilístico dos activos fixos tangíveis para proporcionar aos utentes das demonstrações financeiras informação sobre investimentos em activos fixos tangíveis e alterações nesses investimentos. As principais questões na contabilização de activos fixos tangíveis são o reconhecimento de activos e a determinação das suas quantias escrituradas, depreciação, amortização e perdas por imparidade.

A IAS 16 não se aplica a:

- activos fixos tangíveis detidos para venda de acordo com a IFRS 5;

- activos biológicos associados a actividades agrícolas de acordo com a IAS 41;

- reconhecer e mensurar activos de exploração e avaliação de minerais de acordo com a IFRS 6 Exploração e Avaliação de Recursos Minerais;

- direitos minerais e reservas minerais, tais como petróleo, gás natural e recursos similares não recuperáveis.

A IAS 16 aplica-se a activos fixos tangíveis usados para desenvolver e fornecer activos no âmbito da IAS 41 e da IFRS 6 e a direitos minerais.

A contabilização dos activos fixos tangíveis segundo as IFRS é regulada por uma norma separada, a IAS 16 "Activos fixos tangíveis". Na legislação bielorrussa, este objeto contabilístico é regulado pela Instrução sobre a Contabilidade dos Activos Fixos aprovada pela Resolução do Ministério das Finanças da República da Bielorrússia n.º 26 de 30 de abril de 2012.

De acordo com a IAS 16 "Activos Fixos Tangíveis", os activos fixos tangíveis com uma vida útil superior a 1 ano são utilizados: para a produção ou fornecimento de bens e serviços; para locação a outras empresas; ou para fins administrativos.

Um item do ativo fixo tangível segundo a IAS 16 é reconhecido como um ativo se:

- é provável que os benefícios económicos futuros associados ao ativo fluam para a entidade;

- o valor do ativo pode ser mensurado com fiabilidade.

Assim, a IAS 16 exige uma descrição bastante pormenorizada dos métodos contabilísticos e de valorização usados para os activos fixos tangíveis. A informação seguinte deve ser incluída na nota explicativa para cada grupo de activos fixos tangíveis:

- o método de avaliação posterior utilizado;

- o método de amortização utilizado;

- vida útil esperada ou taxa de amortização;

- a quantia escriturada do item do ativo fixo tangível e a depreciação acumulada no início e no fim do período de relato;

- análise das variações dos saldos dos activos fixos tangíveis e das amortizações acumuladas: novas aquisições e cessões, reavaliações, transferências internas, reclassificações, correcções de erros, diferenças de câmbio, perdas e reversões de imparidade, variações dos encargos de amortização e outras variações significativas.

Além disso, o relatório deve divulgar informações sobre os seguintes factos, caso existam:

- quaisquer restrições à propriedade e o facto de os activos serem dados em garantia;

- política contabilística relativa à capitalização dos custos de restauração e reconstrução de imóveis e equipamentos;

- Despesas com activos fixos tangíveis, incluindo construções em curso;

- montantes de compromissos não pagos de compra de activos fixos tangíveis;

- dados sobre o uso de fluxos de caixa descontados para determinar a quantia recuperável de activos.

De acordo com a IAS 17, uma *locação é um* contrato segundo o qual o locador transmite ao locatário, em troca de uma renda ou de uma série de pagamentos, o direito de usar um ativo durante um período de tempo acordado [16].

A IAS 17 aplica-se a todas as locações, exceto às locações para a exploração ou uso de minerais, petróleo, recursos naturais e outros recursos renováveis e acordos de licença para filmes, vídeos, peças de teatro, manuscritos, patentes e direitos de autor.

A IAS 17 não é aplicável à avaliação:

- propriedade detida pelo locatário e contabilizada como propriedade de investimento (IAS 40);

- propriedades de investimento fornecidas por locadores segundo locações de investimento (IAS 40);

- activos biológicos detidos pelo locatário em regime de locação financeira (IAS 41);

- activos biológicos fornecidos por locadores em locações operacionais.

A IAS 17 também trata das transacções de relocação em que o vendedor do ativo é o locatário. Se a transação de leaseback for uma locação financeira, o excesso dos proventos sobre a quantia escriturada do ativo é reconhecido como rendimento diferido nos livros do vendedor-locatário e incluído na demonstração dos resultados durante o prazo da locação. Se a transação de relocação for uma locação operacional, o tratamento contabilístico depende da relação entre o preço de venda e o justo valor do ativo:

- se o preço de venda for igual ao justo valor do ativo, um ganho ou perda na venda é reconhecido imediatamente;

- se o preço de venda for inferior ao justo valor, um ganho ou perda na venda é reconhecido imediatamente, exceto que qualquer perda de compensação é revertida por futuros pagamentos de locação a um valor inferior ao de mercado. A perda é reconhecida na proporção dos pagamentos da locação durante o período de utilização do ativo;

- se o preço de venda for superior ao justo valor, o excesso é reconhecido no rendimento durante a vida útil do ativo.

Se, no âmbito de uma locação operacional, o justo valor do ativo no momento da venda e relocação for inferior à sua quantia escriturada, a diferença é reconhecida como uma perda.

De acordo com a IAS 20, *os subsídios do governo* são assistência governamental sob a forma de uma transferência de recursos para uma entidade em troca do cumprimento passado ou futuro de certas condições relacionadas com as operações da entidade. Os subsídios governamentais não incluem formas de assistência governamental que não possam ser razoavelmente estimadas e transacções com o governo que não sejam distinguíveis das operações normais da empresa [17].

A IAS 20 aplica-se à contabilização e divulgação de subsídios governamentais e outras formas de auxílio estatal.

A IAS 20 não divulga:

- problemas especiais decorrentes da contabilização dos subsídios governamentais nas demonstrações financeiras que reflectem os efeitos das variações de preços ou em informações suplementares de natureza semelhante;

- informações sobre a assistência governamental prestada à empresa sob a forma de benefícios na determinação do rendimento tributável ou de benefícios determinados ou limitados com base no montante dos impostos sobre o rendimento devidos (por exemplo, isenção temporária de impostos sobre o rendimento), créditos fiscais e de investimento, amortizações aceleradas, taxas reduzidas de imposto sobre o rendimento;

- participação do Estado na gestão da empresa;

- subsídios governamentais tratados segundo a IAS 41.

Divulgações nas demonstrações financeiras de acordo com a IAS 20 "Contabilização dos Subsídios do Governo e Divulgação do Apoio do Governo", deve ser divulgado o seguinte

- as políticas contabilísticas adoptadas para as subvenções governamentais, incluindo os métodos de apresentação utilizados nas demonstrações financeiras;

- a natureza e a quantia dos subsídios governamentais reconhecidos nas demonstrações financeiras e uma indicação de outras formas de assistência governamental de que a entidade tenha beneficiado diretamente;

- condições não cumpridas e outros acontecimentos contingentes relacionados com auxílios estatais que tenham sido reconhecidos.

De acordo com a IAS 23, *os custos de empréstimos obtidos são* juros e outras despesas diretamente relacionadas com o uso de fundos obtidos [18].

O objetivo da IAS 23 é determinar o tratamento contabilístico para o reconhecimento dos custos de empréstimos obtidos. A IAS 23 exige que os custos de empréstimos obtidos sejam reconhecidos como um gasto no período de relato. Como método alternativo, a IAS 23 permite a capitalização dos custos de empréstimos obtidos associados à aquisição, construção ou produção de um ativo que se qualifica. A IAS 23 aplica-se à contabilização dos custos de empréstimos obtidos.

Os custos de empréstimos obtidos diretamente atribuíveis à aquisição, construção ou produção de um ativo que se qualifica devem ser capitalizados como parte do custo desse ativo. A quantia dos custos elegíveis para capitalização é determinada de acordo com a IAS 23.

A IAS 23 estabelece que as dificuldades em determinar uma ligação direta entre empréstimos obtidos específicos e um ativo que se qualifica surgem se as actividades de financiamento de uma entidade forem coordenadas centralmente. Podem surgir problemas se um grupo de empresas pedir fundos emprestados a diferentes taxas de juro e dirigir esses fundos em diferentes bases para entidades do grupo. A situação é ainda mais complicada pelas flutuações cambiais quando os empréstimos em moeda estrangeira são utilizados num ambiente altamente inflacionista.

Assim, a IAS 23 considera o investimento temporário de empréstimos obtidos para adquirir um ativo que se qualifica. Note-se que ao determinar a quantia de custos de empréstimos obtidos a ser capitalizada, o rendimento recebido como resultado do investimento dos fundos é excluído.

A IAS 40 Propriedades de Investimento especifica a contabilização de propriedades de investimento e respectivos requisitos de divulgação. É de notar que esta Norma não aborda as questões associadas à IAS 17, incluindo [20]:

- A classificação das locações em locações financeiras e locações operacionais;

- Reconhecimento do rendimento de rendas de propriedades de investimento;

- Uma estimativa do rendimento de juros reportado nas demonstrações financeiras do locatário;

- A mensuração do investimento líquido na locação financeira nas demonstrações financeiras do locador;

- contabilização das transacções de venda e relocação financeira;

- divulgação das locações financeiras e operacionais.

Os investimentos em bens imóveis representam terrenos ou edifícios utilizados (quer por título, quer por locação financeira) para obter rendas, para valorização do capital ou ambos.

A IAS 40 não se aplica a propriedades que sejam ocupadas pelo proprietário, em construção e a serem usadas no futuro como investimento imobiliário ou detidas para venda no decurso ordinário da atividade empresarial.

É possível escolher entre a contabilização pelo justo valor ou pelo custo:

- contabilização pelo justo valor: as propriedades de investimento são mensuradas pelo justo valor através dos lucros ou perdas;

- Contabilidade de custos: os investimentos em imóveis são mensurados pelo custo amortizado menos as perdas por imparidade acumuladas. O justo valor dos investimentos em imóveis deve ser divulgado.

A opção contabilística selecionada deve ser aplicada a todos os investimentos imobiliários.

Se o método de contabilização pelo justo valor tiver sido selecionado, mas no momento da aquisição de um determinado item se tornar claro que não é praticável determinar o justo valor numa base recorrente, o item é contabilizado pelo custo e esta opção deve ser exercida até que o item seja alienado.

A IAS 40 permite uma alteração de uma opção para outra se isso melhorar a apresentação (o que é improvável no caso de uma alteração da contabilização pelo justo valor para a contabilização pelo custo).

Os direitos de um locatário segundo uma locação operacional podem ser tratados como um investimento em propriedade desde que o locatário aplique a opção pelo justo valor de acordo com a IAS 40. Neste caso, o locatário contabiliza os direitos segundo a locação operacional como se fosse uma locação financeira [36, 101 p.].

A IAS 16 Activos Fixos Tangíveis aplica-se a propriedades ocupadas pelo proprietário que sejam detidas, e a IFRS 16 aplica-se a propriedades ocupadas pelo proprietário que sejam detidas por um locatário como um ativo de direito de uso.

Os activos que não são investimentos imobiliários e não estão abrangidos pelo âmbito da IAS 40 incluem [6]:

- itens detidos para venda no decurso normal da atividade ou activos em construção e em reconstrução detidos para venda (contabilizados de acordo com a IAS 2 Inventários);

- propriedade ocupada pelo proprietário (relatada de acordo com a IAS 16 Activos Fixos Tangíveis);

- Construção em curso ou propriedade em reconstrução por conta de terceiros (aplicam-se as disposições da IAS 11 Contratos de Construção).

No balanço, as propriedades de investimento são apresentadas separadamente como activos pelo justo valor ou pelo custo menos a depreciação acumulada e as perdas por imparidade.

Com base no que precede, pode concluir-se que cada investimento imobiliário é único por direito próprio e que cada transação de compra e venda é altamente negociável. Como resultado, a mensuração pelo justo valor não melhora a comparabilidade da informação, uma vez que o justo valor não pode ser mensurado de forma fiável. A avaliação pelo custo amortizado é mais consistente e menos subjectiva.

Assim, tendo estudado a base teórica da contabilidade e do controlo dos investimentos em activos a longo prazo, gostaríamos de salientar que na maioria das empresas de produção, bem como na LLC "Profitagro" investigada, uma parte significativa da propriedade pertence a activos a longo prazo, e a parte esmagadora dos investimentos em activos a longo prazo são activos fixos. Os activos fixos são um dos factores mais importantes de qualquer produção. O seu estado e utilização eficiente afectam diretamente os resultados finais da atividade económica das empresas.

CAPÍTULO 2

CONTABILIZAÇÃO DOS INVESTIMENTOS EM ACTIVOS NÃO CORRENTES E SUA MELHORIA NA PROFITAGRO LTD.

2.1 Documentação dos investimentos em activos não correntes

Sabe-se que uma das condições do princípio da validade da aceitação de uma transação comercial para efeitos contabilísticos e da sua fiabilidade é a confirmação documental da transação. Uma transação é aceite para efeitos contabilísticos na presença de documentos primários devidamente executados.

Dependendo das fontes de formação e das características dos objectos de investimentos em activos não correntes, podem ser formalizados por vários documentos primários [4]:

- ato de aceitação-transferência de ativos fixos é um documento unificado (preparado em conformidade com a Resolução do Ministério das Finanças da RB datada de 22.04.2011 No. 23), TN, TTN, bem como atos de trabalho realizado, apólices de seguro e outros documentos, com base em que as despesas são atribuídas ao aumento do custo de ativos fixos;

- ato de aceitação e transferência de activos incorpóreos, bem como actos de trabalho realizado, apólices de seguro e outros documentos com base nos quais as despesas podem ser atribuídas ao aumento do valor dos activos incorpóreos;

- ato de transferência de animais para o efetivo principal;

- ato de anulação de bens (em caso de desgaste físico, perda (destruição) devido a circunstâncias extraordinárias);

- ato de aceitação-transferência de grupos de activos fixos;

- fatura para transferência interna de activos fixos;

- ato de aceitação das imobilizações reparadas, reconstruídas, modernizadas e adaptadas;

- atuar na instalação, arranque e desmontagem de máquinas de construção;

- ato de aceitação-transferência das plantações perenes e sua entrada em funcionamento;

- contrato de aluguer.

Os investimentos em activos não correntes de objectos contabilísticos separados incluem equipamento a instalar e materiais de construção. O custo do equipamento que requer instalação e dos materiais de construção é estimado pelo montante dos custos efectivos da sua aquisição sem imposto sobre o valor acrescentado [7].

A receção do material a instalar é documentada por uma guia de remessa ou por uma declaração aduaneira de carga. A aceitação do equipamento quanto à sua integridade é efectuada por uma comissão especial com a participação de um representante do contratante. O equipamento pode ser entregue num armazém ou num local de construção com um certificado de aceitação do equipamento.

A transferência dos equipamentos do armazém do dono da obra para o empreiteiro, para posterior montagem e instalação, é formalizada por um certificado de aceitação da transferência dos equipamentos para instalação. O equipamento montado é devolvido ao cliente através de um certificado de receção das obras efectuadas.

Todos os documentos acima enumerados são igualmente utilizados na organização em estudo, a Profitagro LLC, exceto o ato de aceitação e transferência de activos incorpóreos.

Muitas lacunas na organização do suporte documental do aparelho de gestão estão associadas a uma organização pouco clara da circulação dos documentos.

Na nossa opinião, uma das desvantagens do preenchimento de documentos na organização é o facto de esta utilizar a forma tradicional de registo de documentos por cartão. No entanto, uma das suas graves desvantagens é a falta de uma certa garantia de segurança dos cartões de registo no armário de arquivo e a possibilidade da sua fácil substituição. Neste contexto, é necessário controlar os cartões e manter um formulário de registo especial para este efeito.

A conta 07 "Equipamento para instalação e materiais de construção" destina-se a generalizar as informações sobre a disponibilidade e o movimento do equipamento que requer instalação e destinado a ser instalado nas instalações construídas, bem como dos materiais de construção utilizados pelo cliente, pelo promotor na execução da construção e de outros trabalhos especiais de instalação e subsequentemente incluídos no custo inicial da instalação de construção e (ou) do equipamento para instalação na Profitagro LLC. Os equipamentos a instalar e os materiais de construção no balanço e na contabilidade corrente são avaliados pelo custo real de aquisição (incluindo todos os custos de entrega e de aquisição).

Registro documental na realização de obras de construção e instalação são elaborados os seguintes documentos unificados, que são aprovados pela resolução do Ministério da Arquitetura e Construção da RB de 29.04.2011 № 13 "Sobre o estabelecimento das formas de documentos primários na construção" [23]:

- C-2 "Certificado de receção de obras de construção concluídas e de outras obras de instalação especiais".

- C-22- "Certificado de transferência de uma instalação não concluída".

- "Lei sobre a transferência dos custos incorridos com a criação de um equipamento de engenharia e (ou) de infra-estruturas de transportes".

- C-1 "Relatório de Defeito".

- C-3 "Declaração do custo dos trabalhos e dos custos".

- C-5 "Certificado de conclusão de edifício e estrutura temporários sem título".

- C-6 "Certificado de desmantelamento de edifício e estrutura temporários sem título

- C-11 "Certificado de defeitos, deficiências

- C-12 "Declaração de tempo para o aluguer de veículos de construção".

- C-13 "Nota de transferência interna".

- C-15 "Registo dos actos de receção das obras concluídas".

- C-16 "Conhecimento de embarque para transferência de documentação técnica".

- C-17 "Ato de transferência dos custos incorridos com a criação do objeto

- C-18 "Relatório de turnos".

Quando a construção é realizada pelo método económico, os empregados desta organização estão envolvidos na execução das obras, é criada a sua própria base de produção, são adquiridos materiais de construção, máquinas e mecanismos. O progresso das obras e o controlo do seu cumprimento são efectuados pelos departamentos de construção de capital. Estes aceitam as obras concluídas e assinam os respectivos documentos.

Os engenheiros de construção, bem como os gestores de construção (encarregados), registam os volumes de obras de construção e instalação concluídas. Todos os meses, no primeiro dia do mês seguinte ao mês de referência, o encarregado mede (conta) os trabalhos de construção e instalação concluídos para cada tipo de obra e reflecte os dados obtidos no registo de obras concluídas.

Após a conclusão da construção, será determinado o âmbito total e o custo estimado dos trabalhos efetivamente realizados no seu conjunto.

A fim de determinar o âmbito do trabalho efectuado e o custo estimado, é elaborado um relatório de inventário dos trabalhos de construção e montagem em curso. O ato é preparado pelo encarregado indicando a percentagem de prontidão do objeto. Por sua vez, a percentagem de prontidão determina o volume e o custo dos trabalhos de construção e montagem em curso.

O abate de materiais e estruturas utilizados nos trabalhos de construção e instalação é efectuado com base no relatório do encarregado. No final do mês, o encarregado apresenta ao engenheiro de construção um relatório de materiais e um relatório sobre o consumo de materiais de base na construção em comparação com as normas de produção, os quais, após verificação das normas de consumo de materiais, são submetidos ao departamento de contabilidade para processamento.

Para contabilizar os custos associados aos investimentos em activos a longo prazo desde o início da construção até à entrada em funcionamento das instalações, a Profitagro LLC utiliza a conta 08 "Investimentos em activos a longo prazo", subconta 08.9.1 "Custos de construção e criação de activos fixos". A contabilização dos trabalhos de construção e instalação realizados pelo método económico é efectuada pelo custo estimado dos objectos e pelo seu custo real.

Na contabilidade, os custos de construção são resumidos pelas seguintes rubricas: trabalhos de conceção e levantamento; materiais, estruturas e pormenores de construção; custos de funcionamento de máquinas e mecanismos de construção; salários de base dos trabalhadores; e despesas gerais. A lista de rubricas e o procedimento de imputação das despesas gerais são determinados pela política contabilística da organização.

Quando se utilizam máquinas e mecanismos próprios ou alugados, os custos da sua exploração são contabilizados na conta 25 "Custos gerais de produção", subconta "Manutenção e exploração de equipamento". Os custos próprios são igualmente contabilizados por rubricas de custos e por tipos de equipamento de construção (gruas-torres, escavadoras, bulldozers, etc.).

As despesas de funcionamento do equipamento são atribuídas com base no número de turnos-máquina (dias-máquina) trabalhados nas instalações.

As despesas gerais são custos associados à gestão, manutenção e organização da construção. Estes custos incluem

- despesas administrativas e económicas - despesas de manutenção do grupo de controlo e supervisão técnica e do SCO da organização;

-despesas com os serviços dos trabalhadores da construção civil - despesas com a proteção e segurança no trabalho, serviços sanitários e sociais, etc.

-despesas com a organização do trabalho nos estaleiros - despesas com a manutenção de vigias e bombeiros, estruturas temporárias, instalações e dispositivos.

As despesas gerais são imputadas aos tipos de trabalho e às rubricas de despesas de capital em duas fases. Na primeira fase, as despesas gerais são imputadas aos trabalhos de construção e de instalação proporcionalmente ao montante estimado destes custos por trabalho efectuado. Na segunda fase, as despesas gerais são imputadas aos projectos de construção na proporção dos custos directos incorridos. Após a imputação, os custos são incluídos no custo dos projectos de construção na rubrica "Despesas gerais".

Os investimentos em activos não correntes são contabilizados pela organização que realiza a construção para si própria e a financia. Quando os investimentos em activos não correntes são realizados segundo um método de trabalho contratual, o promotor celebra um contrato com um empreiteiro. Se o volume de investimentos for significativo, a organização cria um departamento de construção de capital (departamento). Na construção de uma nova organização, o promotor é a direção da organização em construção.

Antes do início da construção, o promotor celebra um acordo com uma organização de projeto para a preparação da documentação de projeto e orçamento.

Uma parte integrante da documentação do projeto é uma estimativa sumária. Este é o principal documento que determina o custo da construção. O cliente celebra um contrato com uma empresa de construção, que será o empreiteiro geral durante todo o período de construção.

Quando o trabalho é realizado por contrato, o dono da obra não precisa de manter registos dos custos por item e elemento. Essa contabilidade é efectuada pela organização da construção.

O promotor reconhece o custo estimado (contratual) do trabalho realizado pelo empreiteiro e aceite para pagamento. O procedimento de liquidação entre o dono da obra e o empreiteiro é determinado pelos termos do contrato de concurso ou por acordo das partes e é estabelecido no contrato de construção. As liquidações podem ser feitas mensalmente pelo volume de trabalho efetivamente realizado ou por uma fase concluída da obra. Neste caso, o empreiteiro deve elaborar uma declaração de custo dos trabalhos de construção concluídos, onde indica o custo estimado dos trabalhos concluídos a pagar.

Ao analisar os investimentos em activos não correntes, é necessário estabelecer a forma como o investimento é utilizado.

No caso do método de construção por empreiteiro, a Profitagro LLC faz acordos com o empreiteiro ao custo estimado da construção concluída da instalação com base num certificado de aceitação devidamente elaborado e aprovado; o controlo de custos não é difícil neste caso, mas é importante evitar o facto de pagamento ao empreiteiro de montantes não previstos na estimativa, incluindo a inscrição de trabalhadores da construção da organização empreiteira na empresa e o pagamento injustificado de montantes não auferidos aos mesmos. Ao desenvolver investimentos pelo método do contratante, é necessário verificar a correção do registo dos custos de acordo com os dados dos documentos primários. Deve ter-se em conta que um promotor (investidor) que realiza trabalhos pelo método do contrato contabiliza os custos ao custo estimado (contratual) do trabalho realizado.

No decurso da auditoria, é cuidadosamente verificado o cumprimento do plano de trabalho de construção e instalação por objectos, fases, complexos a entregar aos clientes no ano em curso, pelo volume total de obras contratadas e pelos contratantes. Se o plano de contratação de obras pelas organizações envolvidas não for cumprido, os dados sobre as organizações subcontratantes correspondentes são analisados e as razões para o seu incumprimento são descobertas. Deve ter-se em conta que o avanço do plano para o volume total de trabalho em relação ao plano de entrada em funcionamento das capacidades de produção e das instalações provoca o aumento da produção inacabada e a dispersão dos recursos materiais e laborais pelas instalações.

O inspetor deve também determinar se os trabalhos de construção e montagem previstos foram totalmente concluídos no momento da entrada em funcionamento das instalações e se não foram realizados trabalhos de construção e montagem em instalações individuais após a sua entrada em funcionamento. Deve ser dada atenção aos períodos em que os trabalhos foram efectuados.

Assim, gostaríamos de referir que a contabilidade na LLC "Profitagro" é um sistema ordenado de recolha, registo e generalização de informação em termos monetários sobre as obrigações da organização, propriedade e seu movimento através de documentação sólida e contínua de todas as operações comerciais. Na nossa opinião, uma das principais tarefas da contabilidade é a documentação correcta e atempada e a manutenção das operações de contabilidade e controlo dos investimentos em activos a longo prazo.

2.2 Contabilidade sintética e analítica dos investimentos em activos não correntes

Todos os tipos de investimentos de longo prazo em organismos agrícolas são contabilizados na conta 08 "Investimentos em activos de longo prazo".

A conta 08 "Investimentos em activos a longo prazo" destina-se a refletir a informação sobre os investimentos da organização em objectos que serão subsequentemente aceites para efeitos contabilísticos como activos fixos, activos incorpóreos, bens imobiliários de investimento, outros activos a longo prazo, incluindo os custos de formação do efetivo principal de animais produtivos e de trabalho (exceto aves de capoeira vivas, animais de pele, coelhos, famílias de abelhas, cães de serviço, animais experimentais, que são contabilizados como inventários).

As seguintes subcontas podem ser abertas na conta 08 "Investimentos em activos de longo prazo" [35, p. 258]:

- 08-1 "Aquisição e criação de activos fixos";

- 08-2 "Aquisição e estabelecimento de propriedades de investimento".

- 08-3 "Aquisição de elementos de locação financeira (leasing)";

- 08-4 "Aquisição e criação de activos intangíveis";

- 08-5 "Aquisição e criação de outros activos não correntes".

Na LLC Profitagro, a contabilização dos investimentos em activos a longo prazo é efectuada na conta 08 "Investimentos em activos a longo prazo" com as subcontas disponíveis:

- 08.1.1 - "Aquisição de activos fixos. Formação do efetivo principal";

- 08.9.1 - "Despesas de construção e de estabelecimento de activos fixos".

Na organização analisada, a subconta 08-1-1 "Aquisição de activos fixos. Formação do rebanho principal" contabiliza os custos de construção de edifícios e estruturas, instalação de equipamento para instalação e outros custos diretamente relacionados com a aquisição de activos fixos. Também nesta subconta da sociedade LLC "Profitagro" são contabilizados os custos reais da formação do efetivo principal devido à transferência de animais jovens criados na exploração. Durante o ano, quando se procede à transferência para o efetivo principal de animais jovens nascidos em anos anteriores, o custo é determinado com base no peso dos animais e no custo previsto de 1 kg de peso vivo.

Assim, durante o ano, a LLC Profitagro efectuou várias operações na conta 08-1-1 "Aquisição de activos fixos. Formação do efetivo principal", como se pode ver nos quadros 2.2.1 e 2.2.2.

Durante o ano, foram adquiridos vários equipamentos, máquinas e ferramentas na organização, alguns dos quais podem ser vistos no quadro 2.1.

Quadro 2.1 - Correspondências na conta 08-1-1 "Aquisição de activos fixos. Formação do efetivo principal" na sociedade de responsabilidade limitada "Profitagro" para o período de janeiro a agosto de 2017.

№ n/a	Conteúdo da transação comercial	Débito	Crédito	Montante
1.	Registou o custo inicial do compressor MT7-160-4UKh adquirido pela organização aquando da sua entrada em funcionamento	01-1	08-1-1	2 880,00
2.	Registou o preço de compra das máquinas de espalhar adubo mineral MTT-4 U adquiridas pela entidade quando foram postas em funcionamento	01-1	08-9-1	16 800,00

A organização Profitagro Ltd. recebeu igualmente activos fixos durante o ano, em resultado de gado jovem. Nos registos contabilísticos são feitos os seguintes lançamentos contabilísticos, que podem ser vistos no quadro 2.2.

Quadro 2.2 - Correspondências na conta 08-1-1 "Aquisição de activos fixos. Formação do efetivo principal" na sociedade de responsabilidade limitada "Profitagro" para o período de janeiro a agosto de 2017.

Não. n/a	Conteúdo da transação comercial	Débito	Crédito	Montante
1.	Vacas transferidas para o efetivo principal para reprodução e engorda	08-1-1	11-1	500 639,26
2.	Vacas admitidas nos activos fixos tangíveis ao custo de aquisição	01-1	08-1-1	779 579,11

Subconta 08-1-1 "Aquisição de activos fixos". A subconta 08-1-1 "Aquisição de activos fixos" contabiliza os custos de construção de edifícios e estruturas, a instalação de equipamento, o custo do equipamento transferido para instalação e outros custos, dependendo do método de construção. Os investimentos em activos de longo prazo e os custos relacionados são contabilizados pelo promotor (cliente), ou seja, a organização que realiza a construção para si própria e a financia.

Os custos de construção e criação de activos fixos na LLC Profitagro são contabilizados na subconta 08-9-1 "Custos de construção e criação de activos fixos". Os registos contabilísticos desta subconta referem-se a junho de 2017, que podem ser consultados no Quadro 2.3.

Quadro 2.3 - Correspondências na subconta 08-9-1 "Custos de construção e criação de activos fixos" para junho de 2017.

№ n/a	Conteúdo da transação comercial	Débito	Crédito	Montante
1.	Activos fixos tangíveis adquiridos e colocados em funcionamento na sequência de construções	01-1	08-9-1	149 720,36
2.	Inicial refletido valor do celeiro criado e posto em funcionamento	01	08-9-1	24 331,72
3.	Os serviços de organizações terceiras para a melhoria do território foram anulados	08-9-1	60	38 744,69

O saldo (devedor) da subconta 08-1-1 "Aquisição de activos fixos. Formação do efetivo principal" apresenta o valor das construções em curso.

De acordo com o método de produção das obras de construção, existem construções realizadas por *métodos contratuais e económicos*.

De acordo com o *método de contratação,* as obras de construção e instalação são efectuadas por organizações especializadas em construção e instalação. As organizações contratantes gerais efectuam obras de construção gerais e são responsáveis perante os clientes (organizações agrícolas) por todas as obras de construção e entrada em funcionamento. As organizações *de subcontratação* executam tipos separados de obras de construção para o contratante geral. A base das relações entre os clientes e o contratante geral é o contrato geral, e as relações entre o contratante geral e o subcontratante - o contrato do subcontratante.

Os pagamentos entre o cliente e o empreiteiro são efectuados a preços estimados (contratuais) para produtos de construção acabados (complexos de arranque, instalações industriais e sociais, etc.).

No caso do método de construção por empreiteiro, o cliente mantém registos separados para cada objeto em construção com uma rubrica complexa "Trabalhos realizados pelo empreiteiro". Após a conclusão da construção de um objeto, o dono da obra determina o seu valor de inventário, e a Comissão de Aceitação do Estado aceita o objeto em funcionamento e elabora um certificado de aceitação da transferência de activos fixos.

Se houver várias partes do estabelecimento, os certificados de receção das obras de construção e de outras obras de instalação especiais devem especificar o custo das obras de construção para cada parte do estabelecimento.

Se, de acordo com um contrato de construção, o cliente for total ou parcialmente responsável pelo fornecimento de materiais de construção, o cliente é responsável por incluir o custo dos materiais utilizados pelo empreiteiro nos custos de construção. De acordo com a estrutura tecnológica dos custos, o custo dos materiais do cliente utilizados pelo empreiteiro para efetuar trabalhos de construção é incluído no custo dos trabalhos de construção e instalação ou no custo dos trabalhos de instalação de equipamento.

Para efeitos do cálculo do custo por objeto, os materiais do cliente são reconhecidos como materiais:

- previstos nas listas das normas estimadas para os trabalhos de construção no local ou no mapa dos volumes de trabalho e do consumo de recursos;

- adquirido pelo cliente;

- transferido para o empreiteiro para efetuar obras de construção no local sem transferência de propriedade.

Os materiais do cliente são contabilizados pela organização contratante na conta extrapatrimonial 003 "Materiais aceites para processamento". A transferência dos materiais do cliente para o contratante para trabalhos de construção na Profitagro LLC é formalizada por um conhecimento de embarque TTN-1, ou um conhecimento de embarque TN-2.

Na execução destes documentos, devem ser tidas em conta as seguintes características

- Em caso de transferência de materiais do cliente para a realização de obras na instalação, cujas obras de construção não estejam sujeitas a imposto sobre o valor acrescentado ou estejam sujeitas a imposto sobre o valor acrescentado parcial, devem ser indicados o nome, a quantidade, o preço, o custo do material e a taxa de imposto sobre o valor acrescentado à qual o imposto foi pago pelo Adquirente aquando da aquisição desses materiais;

- quando da transferência de materiais do cliente para a realização de trabalhos nas instalações, cujos trabalhos de construção estejam sujeitos a imposto sobre o valor acrescentado, devem ser indicados o nome, a quantidade, o preço e o custo do material. Não devem ser indicados a taxa e o montante do imposto sobre o valor acrescentado.

O valor dos materiais do cliente a transferir é determinado pelo valor registado nos registos contabilísticos do cliente, tendo em conta a forma como os materiais são valorizados no momento da alienação.

Para cada transferência de materiais do cliente (exceto a transferência de materiais do cliente para um empreiteiro geral), a organização deve notificar por escrito a organização recetora da base e do objetivo da transferência e confirmar que os materiais transferidos pertencem aos materiais do cliente.

O custo dos materiais do cliente gastos pela organização contratante durante os trabalhos de construção é incluído pelo cliente no custo dos trabalhos de construção e instalação ou dos trabalhos de instalação de equipamento na LLC Profitagro e reflecte-se a débito da conta 08 "Investimentos em activos a longo prazo" e a crédito da conta 07 "Equipamento para instalação e materiais de construção" (subconta "Materiais de construção").

Na rubrica *"Materiais"* da LLC "Profitagro" é contabilizado o custo dos materiais de construção utilizados para a produção de obras de construção de acordo com a lista estipulada pelas normas estimadas para a construção, que é amortizado pelo lançamento contabilístico: no débito 08-1 "Aquisição de imobilizado. Formação do efetivo principal" e crédito 07 "Equipamento para instalação e materiais de construção" - foi reconhecido o custo dos materiais de construção (cimento) no valor de 98,77 RUR.

Assim, a contabilidade sintética dos investimentos em activos a longo prazo na LLC Profitagro é mantida no Razão na conta 08 "Investimentos em activos a longo prazo". O registo da contabilidade analítica é o Resumo na conta 08 "Investimentos em activos a longo prazo". O registo do relatório estatístico é o relatório anual sobre a entrada em funcionamento de objectos, activos fixos e utilização de investimentos em activos fixos. As entradas no relatório são feitas com base em documentos primários (pedidos de pagamento, facturas para a entrega de materiais, folhas de atribuição de custos).

2.3 Melhoria da contabilização dos investimentos em activos não correntes

Nos últimos anos, a contabilidade nacional tem sido ativamente reformada e melhorada, a fim de se aproximar das normas internacionais de relato financeiro. O próximo passo para essa convergência é a entrada em vigor, em 1 de janeiro de 2013, de novas instruções sobre a contabilização dos activos não correntes (activos fixos, activos intangíveis, propriedades de investimento e activos não correntes detidos para venda) [21].

Os resultados da investigação realizada permitem-nos fazer generalizações, conclusões e recomendações adequadas com vista a melhorar a contabilidade dos investimentos em activos a longo prazo na sociedade de responsabilidade limitada "Profitagro" investigada.

A lógica dos registos contabilísticos que reflectem o processo de acumulação de amortizações deve basear-se numa avaliação da tendência de uma organização para receber receitas provenientes da venda de produtos em cujo preço estão incluídos os encargos de amortização.

A LLC Profitagro utiliza uma determinada metodologia na atribuição das despesas de amortização: a atribuição das despesas de amortização às despesas correntes das actividades normais da organização. A aplicação deste método de contabilização das despesas de amortização permite não só reembolsar a organização pelas despesas incorridas com a aquisição (construção, fabrico) de activos corpóreos a longo prazo, mas também acumular fundos adicionais para novos investimentos de capital. Este método é muito vantajoso, porque se a posição financeira da organização for instável durante o período de amortização, mas houver uma probabilidade de melhoria em períodos futuros, os encargos de amortização são registados como despesas diferidas.

A chegada de um período de rendimento estável permitirá que as despesas diferidas sejam incluídas nas despesas do período atual. Em condições de baixa procura de produtos, a sua competitividade, na ausência de probabilidade de receber receitas da venda desses produtos, é aconselhável incluir as despesas de depreciação nas despesas não operacionais da organização.

Este método de registo contabilístico permitirá recusar a imputação dos encargos de depreciação ao preço de venda dos produtos e obter um resultado financeiro mais real. No entanto, neste caso, os encargos de depreciação representariam apenas uma anulação linear dos custos anteriormente incorridos associados à aquisição de activos corpóreos a longo prazo para as perdas da organização.

Em junho de 2017, na LLC "Profitagro", no início do mês, a depreciação de ativos fixos foi acumulada no valor total de 3.491.935,63 rublos e, no final do mês analisado, em 3.496.651,40 rublos. De acordo com os dados fornecidos, é possível concluir que, durante o mês, o montante da depreciação foi cobrado por 4 715, 77 rublos a mais do que no mês anterior. Mas o montante da depreciação dos activos fixos amortizados durante o período analisado foi de 29 513,58 rublos. Apenas o automóvel Lada-21214, Inv. n.º 7/12, foi amortizado na LLC Profitagro em junho de 2017.

Além disso, gostaria de referir que o armazenamento de documentos sob a forma de dados informáticos em disco é certamente mais conveniente do que o armazenamento sob a forma clássica, ou seja, sob a forma de papéis. É muito mais fácil encontrar o documento necessário, é possível armazenar dados durante muitos anos e não se confundir com eles, é muito mais fácil alterar qualquer documento, elaborar numerosas referências.

A LLC Profitagro mantém registos contabilísticos parcialmente automatizados com a utilização de 1C: complexo de programas empresariais. No entanto, nem todos os documentos são mantidos na forma automatizada, o que complica o seu processamento. Na nossa opinião, podemos concluir que seria mais adequado utilizar o sistema de automatização da contabilidade desenvolvido na plataforma "1C", configuração "Chief Accountant" da empresa bielorrussa "1C: Franchising LLC "Human Systems", a fim de racionalizar os dados de informação sobre a conta 08 "Investment in Long-term Assets". Este sistema é um sistema universal de automatização da contabilidade e da contabilidade operacional das organizações da República da Bielorrússia, que permite levar a cabo a automatização complexa de praticamente todas as áreas da contabilidade, realizar toda a gama de tarefas contabilísticas - desde a introdução de documentos primários até à elaboração de relatórios.

O sistema "1C: Enterprise" pode ser utilizado para manter quaisquer secções de contabilidade em empresas de vários tipos. As capacidades diversificadas e flexíveis do sistema "1C: Enterprise" permitem-lhe utilizá-lo como uma ferramenta bastante simples e visual para contabilistas, e como um meio de automatização total da contabilidade desde a entrada de documentos primários até à formação de relatórios.

Na nossa opinião, para melhorar a contabilidade dos investimentos em activos a longo prazo na LLC Profitagro, deve ser criado um cartão de contabilidade. Este documento inclui todos os registos contabilísticos com a conta 08 "Investimentos em activos a longo prazo" e, para cada operação, reflecte a data da sua realização e o documento com base no qual os registos foram efectuados. Além disso, o cartão de conta apresenta os saldos no início e no fim do período, o volume de negócios do período e o saldo corrente após cada operação.

Uma vez que a conta 08 "Investimentos em activos a longo prazo" está sujeita a contabilidade analítica, é possível elaborar um cartão que reflicta os registos contabilísticos apenas com objectos específicos de contabilidade analítica.

Assim, na LLC "Profitagro" será possível automatizar a contabilidade dos investimentos em activos a longo prazo utilizando o sistema "1C: Enterprise":

- reduzir o tempo e os custos laborais do processamento de documentos;

- assegurar a contabilidade mais completa e fiável possível dos investimentos em activos a longo prazo para cada objeto de despesa, para a empresa no seu conjunto, tanto para um mês como cumulativamente desde o início do ano;

- minimizar o número de erros na transferência de dados de documentos primários para registos contabilísticos sintéticos e analíticos.

Na prática de uma entidade, não é raro encontrar transacções que envolvam investimentos em activos não correntes com prestações de longo prazo e plurianuais. Todas as condições para o reconhecimento do rédito da venda destes activos estão satisfeitas. No entanto, a avaliação das contas a receber, cujo reembolso é esperado durante um longo período de tempo, pelo valor nominal, não reflecte o seu estado real e não tem em conta todos os processos inflacionários em curso. Nestas circunstâncias, é necessário reconhecer as diferenças nos valores actuais e futuros dos fluxos de caixa e ter em conta o fator tempo no valor futuro das contas a receber.

A informação sobre os créditos a longo prazo, tendo em conta o seu valor atualizado, deve ser divulgada nas notas ao balanço e à demonstração de resultados. A utilização de indicadores de créditos a longo prazo avaliados a um valor atualizado em cálculos analíticos permitirá dar uma imagem mais completa e clara da situação financeira da organização, avaliar a liquidez dos activos da organização e a sua solvência.

Quando ocorre uma venda de activos tangíveis de longa duração em prestações durante um longo período de tempo, surge o reconhecimento de rédito e de gastos. Como os proventos em dinheiro serão recebidos durante um longo período de tempo e não há garantia definitiva de que todo o dinheiro será recebido, o reconhecimento do rendimento da venda de tais activos numa base de prestações deve ser diferido. É apropriado reconhecer o ganho na venda como rendimento diferido (ou rendimento diferido). À medida que os pagamentos em dinheiro pelo ativo vendido forem recebidos, o rendimento diferido será reconhecido como rendimento operacional no período corrente numa base de linha reta.

Quando activos tangíveis de longo prazo são penhorados como garantia de obrigações segundo um acordo de empréstimo ou crédito, existe um elevado grau de risco de crédito e de taxa de juro, e os benefícios económicos resultantes para a entidade sob a forma de influxos de caixa podem ser considerados extraordinários.

As obrigações de uma organização decorrentes da obtenção de empréstimos garantidos por bens imóveis são obrigações de um tipo especial, uma vez que devem ser garantidas pelos bens imóveis da organização. É aconselhável separar as obrigações garantidas por hipoteca do total do passivo da organização em subcontas separadas de primeira ordem "Obrigações hipotecárias" das contas sintéticas de pagamentos de créditos e empréstimos, pagamentos a fornecedores e empreiteiros, pagamentos a vários devedores e credores. A contabilidade analítica deve ser mantida por tipo de bem penhorado ao abrigo do contrato de hipoteca. Para registar os direitos do credor hipotecário decorrentes da penhora de bens imobiliários, é aconselhável abrir uma subconta "Empréstimos garantidos por hipoteca" na conta "Investimentos financeiros".

Na nossa opinião, seria aconselhável finalizar o plano de contas na LLC Profitagro, abrir contas e subcontas adicionais. Por exemplo, 08.2 - "Aquisição de parcelas de terreno", uma vez que a organização não tem uma subconta separada. Também seria necessário afetar separadamente a subconta 08.3 - "Transferência de gado de um rebanho para outro" ou 08.4 - "Aquisição de gado adulto", uma vez que a organização se especializa na produção de carne de pequeno porte. A criação de gado é a atividade mais importante.

Um problema importante em matéria de contabilidade é o problema da "publicidade" da operação de penhor, alertando os credores, os futuros compradores e outros para o direito do credor pignoratício sobre os bens penhorados. Neste contexto, os objectos transferidos dos compradores e de outras pessoas sobre o direito do credor pignoratício ao bem penhorado. Neste contexto, é aconselhável contabilizar os bens imobiliários penhorados numa subconta separada "Imobilizado penhorado" da conta sintética "Imobilizado", com base no valor do bem inscrito nos registos contabilísticos da organização penhorante. O valor monetário dos bens imóveis dados em garantia pode não coincidir com o montante da obrigação garantida pela hipoteca. O valor do bem hipotecado determinado por acordo entre o credor e o credor hipotecário, que corresponde ao contrato de hipoteca, deve ser registado na conta extrapatrimonial "Garantias para pagamentos e obrigações emitidas".

No entanto, a Profitagro LLC não prevê tal subconta, mas acreditamos que seria apropriado abrir uma.

Ao determinar os benefícios económicos da transferência de bens imóveis segundo um acordo de hipoteca, a organização hipotecária deve comparar as receitas e despesas de caixa associadas à hipoteca. A quantia e a tempestividade do gasto com juros hipotecários podem ser antecipadas com maior precisão do que se a entidade usar as suas próprias fontes de financiamento para levar a cabo as suas actividades. O tipo de empréstimo hipotecário que proporciona prestações iguais ou pagamentos variáveis permite a determinação de uma quantia fixa de juros sobre empréstimos, que varia consoante o tipo de hipoteca.

É aconselhável registar os custos associados ao cumprimento das obrigações de pagamento de juros que serão cumpridas em períodos subsequentes numa conta separada do balanço "Despesas futuras" em correspondência com as contas de liquidação de empréstimos concedidos e contraídos a curto e longo prazo.

Ao contrário dos gastos diferidos, os gastos com juros futuros sobre empréstimos concedidos e contraídos são gastos anti-cíclicos (antecipados) não efetivamente incorridos mas reconhecidos no período de relato, e relacionam-se com períodos de relato futuros.

Um dos problemas da contabilização dos investimentos em activos a longo prazo é a construção de habitações.

Alymov Y., Levenkov N., Moiseychik G. argumentam que, para resolver o problema da participação dos fundos monetários dos cidadãos na construção de habitações e criar condições atractivas para o investimento dos fundos monetários próprios dos cidadãos na construção de habitações na República da Bielorrússia, pode ser utilizado o sistema de poupança na construção [1].

Para que o sistema de poupança-habitação se enraíze e funcione na Bielorrússia, devem ser criadas condições normais para a acumulação de recursos de investimento, em primeiro lugar, deve ser suprimida a inflação e, consequentemente, a depreciação inflacionista da poupança, e devem ser criados incentivos para a utilização dos lucros e da depreciação para fins de investimento, sob a forma de isenção fiscal dos lucros utilizados para fins de investimento.

Assim, a aplicação das abordagens propostas para o financiamento do complexo habitacional e de construção exigirá a aplicação de medidas adicionais destinadas a melhorar e desenvolver os mecanismos de concessão de empréstimos para a construção de habitações, criando instituições que permitam uma utilização mais alargada de fontes alternativas extra-orçamentais, o que, juntamente com medidas destinadas a reduzir os custos de construção, permitirá resolver um dos problemas sociais mais graves - proporcionar aos cidadãos da Bielorrússia uma habitação confortável - num período de tempo mais curto.

No decurso da reforma sistemática do sistema contabilístico da República da Bielorrússia, em conformidade com as Normas Internacionais de Relato Financeiro, a partir de 1 de janeiro de 2013, surgiu um novo objeto contabilístico - o investimento imobiliário - na contabilidade nacional [9].

As propriedades de investimento são inicialmente reconhecidas ao custo, incluindo os custos de aquisição. Subsequentemente, as propriedades de investimento são registadas ao custo menos a amortização acumulada e as perdas por imparidade. O custo das propriedades de investimento adquiridas antes de 1 de janeiro de 2015 é ajustado pela inflação. A depreciação é debitada numa base linear durante a vida útil estimada de 100 anos.

Para que os bens imóveis sejam incluídos nas propriedades de investimento, devem estar reunidos os seguintes factores

- tem de ser alugado;

- a entidade espera obter benefícios económicos associados à propriedade imóvel;

- o valor dos bens imóveis pode ser determinado de forma fiável.

Os requisitos relativos ao conteúdo das informações sobre o investimento imobiliário a divulgar nas demonstrações financeiras estão definidos nas Instruções sobre o procedimento de preparação das demonstrações financeiras aprovadas pela Resolução do Ministério das Finanças da República da Bielorrússia n.º 111 de 31.10.2011.

O valor de uso da propriedade de investimento é o valor presente (descontado) dos fluxos de caixa futuros da locação da propriedade de investimento e da sua alienação no final da sua vida útil.

Assim, gostaria de responder em geral que na LLC "Profitagro" a contabilidade dos investimentos em activos a longo prazo é realizada sem problemas e erros significativos. É melhorada por novos desenvolvimentos, a organização esforça-se por alcançar posições de liderança, por uma melhor contabilidade não só no domínio dos investimentos em activos a longo prazo, mas também em geral. A organização tem em conta todos os erros e nuances na documentação, esforçando-se por se manter a par das organizações líderes.

CAPÍTULO 3

ORGANIZAÇÃO DO CONTROLO DOS INVESTIMENTOS EM ACTIVOS DE LONGA DURAÇÃO E SUA MELHORIA

3.1 Organização do controlo interno dos investimentos em activos não correntes

O bom funcionamento de uma organização exige um mecanismo de gestão que funcione bem e cujo elemento mais importante é o controlo interno quotidiano. O controlo interno é uma das principais funções da gestão e é um sistema de acompanhamento e verificação constantes do trabalho da organização, a fim de garantir a validade e a eficácia das decisões de gestão tomadas, identificar desvios e situações adversas, informar a gestão a tempo de tomar decisões sobre a eliminação, redução e gestão dos riscos das suas actividades [2, p. 18-21].

O controlo interno é uma das funções do sistema de gestão e, por conseguinte, o sistema de controlo interno não pode ser separado do sistema de gestão da empresa e da sua estrutura. Um sistema de controlo interno eficaz permite que a gestão se certifique de que as actividades da empresa (organização) são realizadas em conformidade com os requisitos da legislação em vigor, das políticas aprovadas e de outras directivas e documentos regulamentares da empresa.

Contribuíram significativamente para o estudo do problema do controlo económico interno cientistas nacionais como M. Belukha, F.F. Efimova, N. Vygovska, S.F. Golov, L.V. Dikan, E.V. Kalyuga, M.M. Kotsupatryi, L.V. Napadovs'ka, V.S. Rudnitsky, V.A. Shevchuk e outros cientistas.

O controlo interno de uma empresa agrícola pode ser caracterizado como um sistema que funciona no interior da empresa e como uma função de gestão, que é desempenhada pelos departamentos, serviços ou indivíduos relevantes, de acordo com as funções que lhes são atribuídas: serviços agronómicos, zooveterinários, de engenharia, departamento económico e economista, chefe de contabilidade e pessoal de contabilidade, pessoas materialmente responsáveis, pessoal de gestão.

O lugar principal no controlo interno dos investimentos em activos a longo prazo pertence aos funcionários dos serviços de contabilidade chefiados pelo contabilista principal da empresa [24].

As responsabilidades do contabilista principal da Profitagro LLC em termos de controlo interno dos investimentos em activos de longo prazo incluem o seguinte

- o cumprimento rigoroso de todos os documentos regulamentares sobre contabilidade e informação financeira, bem como o cumprimento dos princípios de organização da contabilidade para operações com investimentos em activos a longo prazo, que são definidos na ordem sobre a política contabilística da empresa;

- controlo do registo oportuno e fiável das transacções relativas ao movimento dos investimentos em activos não correntes, da elaboração dos registos contabilísticos e do reflexo das informações sobre os investimentos em activos não correntes nas demonstrações financeiras;

- eliminação atempada das irregularidades identificadas e das deficiências contabilísticas e de informação identificadas pelo controlo externo e interno;

- inventário atempado e fiável dos investimentos em activos não correntes e registo dos resultados desses inventários;

- prestar assistência metodológica aos empregados das subdivisões da empresa em questões de contabilidade, controlo e informação sobre recursos materiais.

O objetivo do controlo interno dos investimentos em activos a longo prazo da LLC "Profitagro" é garantir a segurança dos investimentos em activos a longo prazo e a sua utilização eficaz, uma vez que os investimentos em activos a longo prazo são utilizados nas actividades principais da empresa.

As principais tarefas do controlo interno dos investimentos em activos a longo prazo da LLC Profitagro são

- controlo do fornecimento da documentação de conceção e estimativa dos investimentos;

- controlo da correção e da precisão dos registos;

- controlo da exatidão da determinação do valor de inventário dos objectos de construção postos em funcionamento e da sua inscrição nas imobilizações da organização;

- controlo do reconhecimento atempado, completo e exato dos custos por tipo e objeto de investimento em activos não correntes;

- controlo do cumprimento do plano de investimentos em activos a longo prazo;

- controlo da organização correcta da contabilidade e da informação sobre as actividades de investimento, etc.

A organização do controlo interno na Profitagro Ltd. é confiada ao chefe da empresa, que, através dos departamentos disponíveis e dos empregados individuais, controla a implementação dos planos e tarefas de produção, regulamentos, leis, instruções e as suas próprias ordens. Assim, para este efeito, as empresas emitem normalmente uma ordem "Sobre a organização da contabilidade e do controlo".

A organização controla a utilização dos investimentos em activos não correntes através da realização de inventários de inventários de inventários, activos fixos e outros bens. O inventário dos activos de longo prazo é realizado em determinados momentos por uma comissão especial. A composição da comissão e o calendário do inventário estão reflectidos no calendário de inventário, que é desenvolvido pelo contabilista principal e, após revisão, aprovado pelo diretor da organização.

O estado atual do controlo interno dos investimentos em activos a longo prazo na LLC "Profitagro" permite-nos concluir que é necessário desenvolver e implementar um regulamento e um programa de controlo interno.

A principal responsabilidade pela implementação do controlo interno dos investimentos em activos a longo prazo na LLC Profitagro recai sobre o contabilista principal, que assegura a organização da manutenção e verificação dos investimentos em activos a longo prazo.

De um modo geral, pode constatar-se que o sistema de controlo é eficaz, como se pode constatar pela análise dos registos de inventário dos últimos anos e dos relatórios de auditoria, nos quais não foram detectadas faltas ou erros contabilísticos.

É necessário que o controlo do processo de produção seja realizado sistematicamente no interesse da empresa, tenha uma orientação preventiva e preventiva, ou seja, deve identificar deficiências e pontos fracos, cuja eliminação melhora os resultados em comparação com os alcançados na sua ausência.

Na nossa opinião, o sistema de controlo económico interno deve ter como objetivo a criação de um sistema de conformidade com a legislação da República da Bielorrússia no domínio das actividades financeiras, da execução orçamental e dos procedimentos internos de compilação, fiabilidade e melhoria da qualidade das demonstrações financeiras e da contabilidade, bem como a melhoria da eficiência da utilização dos fundos orçamentais.

Assim, o controlo dos investimentos em activos a longo prazo desempenha um papel preponderante na organização. A fim de reforçar o papel da contabilidade e do controlo nesta matéria, a empresa deve respeitar o fluxo documental estabelecido, realizar verificações de controlo e inventários atempados dos activos a longo prazo e evitar desvios significativos.

3.2 O procedimento de auditoria dos investimentos em activos não correntes

Os investimentos em activos não correntes são as despesas da organização para a aquisição e criação de activos fixos, investimentos de rendimento em propriedades e activos intangíveis, para a aquisição de direitos de propriedade sobre terrenos e recursos naturais, bem como despesas de investigação, desenvolvimento e trabalho tecnológico para criar activos não correntes.

A correção da contabilidade e do controlo dos investimentos em activos a longo prazo é de grande importância e afecta significativamente a fiabilidade das demonstrações financeiras, não só na organização em estudo LLC "Profitagro", mas também em todas as organizações no seu conjunto, uma vez que atualmente existe uma convergência das normas nacionais de contabilidade para activos a longo prazo com os requisitos das IFRS.

As fontes de informação para o controlo dos investimentos em activos a longo prazo são as seguintes contratos de empreitada e de fornecimento de equipamento; listas de títulos dos locais de construção; livro de registo das obras de construção e instalação concluídas (Formulário n.º C-6); certificados de aceitação das obras de construção e instalação concluídas (Formulário n.º C-2); certificados de custo das obras concluídas e custos (Formulário n.º C-3); documentos primários sobre a contabilidade da mão de obra e respetivo pagamento, consumo de materiais; registos contabilísticos - ordens de pagamento n.º 10-C, 11-C, declarações n.º 5-C "Liquidações com clientes (empreiteiros gerais) e empreiteiros (subempreiteiros) para trabalhos realizados ou programas de máquinas relevantes; relatórios estatísticos "Relatório sobre a entrada em funcionamento de instalações e execução de trabalhos contratuais (formulário n.º 1-KS (urgente)), etc.". [26, c. 169].

A proporcionalidade entre as fontes de financiamento dos investimentos em activos a longo prazo e o volume dos trabalhos de construção e instalação realizados, os custos de aquisição de activos incorpóreos e de activos fixos garante a preservação dos fundos próprios em circulação e a estabilidade financeira da organização.

Considerando o controlo dos investimentos em activos a longo prazo na LLC "Profitagro", deve notar-se que a auditoria é realizada no livro-razão, auditoria da contabilidade dos investimentos de rendimento em activos tangíveis, alienação de activos fixos, verificação da correção da reflexão da depreciação em activos fixos, verificação da ordem do inventário anual de activos fixos, verificação dos investimentos em activos a longo prazo. Em cada item após a auditoria, são indicadas as violações, bem como as recomendações para a sua correção. Tudo o que foi dito acima na organização está refletido no relatório de auditoria.

Os investimentos em activos de longo prazo são controlados em duas direcções [5, p. 83]:

- verificação dos investimentos em activos de longo prazo relacionados com a nova construção, a reconstrução, a expansão e o reequipamento técnico de activos fixos existentes;

— verificação das operações de aquisição (compra) de activos fixos.

A auditoria dos investimentos em activos não correntes deve começar pelo estudo dos contratos, contratos-contratos, ato de entrada em funcionamento. Deve ser dada atenção à data de entrada em funcionamento, às assinaturas, à vida útil, à correção da contabilidade, à correção da acumulação das amortizações e à ordem do seu reflexo na política contabilística [34].

Uma auditoria aos activos intangíveis deve começar com um inventário da documentação dos activos intangíveis, ou seja, verificar se existem documentos onde cada item está representado ou de outra forma registado.

A auditoria das imobilizações começa com a verificação dos contratos celebrados com as pessoas materialmente responsáveis. O auditor estabelece a lista das pessoas materialmente responsáveis na empresa para cada objeto do ativo imobilizado separadamente. A auditoria da receção das imobilizações começa com o estudo da documentação sobre as imobilizações recebidas. O auditor presta atenção aos seguintes aspectos: data e exatidão da contabilização das amortizações.

No âmbito da auditoria dos investimentos em activos não correntes, deve ser dada especial atenção à verificação da correção da contabilidade analítica, incluindo os investimentos de capital em activos fixos arrendados previstos no contrato de arrendamento.

Os investimentos em activos não correntes podem ser feitos a expensas do locador ou a expensas do locatário como redução da renda. Se o acordo de locação proporcionar investimentos em activos não correntes em activos fixos locados a expensas do locatário, então no fim do prazo da locação eles são transferidos para o locador sem encargos, e são feitos lançamentos nos registos contabilísticos sobre a transferência sem encargos de activos fixos.

Ao verificar a correção da contabilidade analítica dos investimentos em activos a longo prazo, é necessário estabelecer [5,p. 116-117]:

— a forma como os investimentos são utilizados;

— a correção da documentação dos volumes de obras de construção e instalação realizadas e o seu reflexo na contabilidade em caso de método contratual de trabalho;

— a correção do reconhecimento das despesas relativas a outros trabalhos e custos de capital;

— correção do reconhecimento dos custos na contabilização do método de trabalho económico;

— a correção da imputação dos custos às rubricas do cálculo de custos que constituem o custo real das obras de construção e instalação e dos produtos de construção acabados.

Ao analisar os investimentos em activos não correntes, é necessário estabelecer o método pelo qual os investimentos são utilizados. Quando os investimentos são desenvolvidos pelo método de contrato, é necessário verificar se os custos são corretamente reconhecidos na contabilidade de acordo com os dados dos documentos primários. Para este efeito, deve ter-se em conta que o promotor (investidor), que executa o trabalho por contrato, contabiliza os custos pelo custo estimado (contratual) do trabalho executado. Para contabilizar os investimentos em activos a longo prazo na LLC Profitagro, tal como referido anteriormente, é utilizada a conta 08 "Investimentos em activos a longo prazo".

O investidor reconhece os custos nesta conta com base nas instruções de pagamento apresentadas para pagamento pelas organizações de projeto e de construção contratadas. As organizações de construção contratadas devem anexar às facturas certificados (Formulário n.º 3) sobre o custo dos trabalhos concluídos e das despesas.

É então necessário determinar se as despesas com outros trabalhos e custos de capital foram corretamente reconhecidas. Estes incluem[13, pp. 401-402]:

— trabalhos de conceção e de levantamento, bem como a supervisão pelo autor de organizações de conceção;

— custos de aquisição de terrenos e de reinstalação no âmbito da construção;

— custos de manutenção das direcções das empresas em construção e supervisão técnica;

— despesas relacionadas com a aplicação de sobretaxas, benefícios e vantagens estabelecidos pelo governo e não incluídos nas tarifas unitárias para trabalhos de construção e nas listas de preços para trabalhos de instalação, pagos em facturas separadas (subsídios para a natureza móvel e itinerante do trabalho; subsídios por tempo de serviço, etc.) e outros trabalhos e despesas.

Quando os trabalhos são realizados pelo método económico, os promotores (clientes) registam igualmente os custos incorridos na conta 08 "Investimentos em activos a longo prazo" não pelo custo estimado, mas pelo custo real. A conta 08 "Investimentos em activos a longo prazo" tem, neste caso, uma natureza de cálculo de custos. Na contabilidade, são utilizados os mesmos documentos primários e registos contabilísticos para registar as operações das empresas que na contabilidade das organizações contratantes.

O nível dos custos de construção e instalação está diretamente relacionado com o volume de trabalho realizado. Por conseguinte, regra geral, no decurso de uma auditoria, são efectuadas medições de controlo dos trabalhos de construção e montagem concluídos nas instalações de construção em curso, com a ajuda das quais se estabelecem acréscimos aos volumes de trabalhos de construção e montagem concluídos e, consequentemente, a anulação ilegal de materiais e estruturas de construção e o pagamento excessivo de salários.

Organizações de construção e instalação que investem em activos a longo prazo ao abrigo de acordos contratuais, os custos dos trabalhos de construção e instalação são contabilizados antecipadamente na conta 20 "Produção principal" e, à medida que são entregues ao cliente, são abatidos na conta 90 "Receitas e despesas de actividades correntes". Neste caso, é necessário estabelecer a correção da atribuição dos custos às rubricas de custeio (materiais; salários de base dos trabalhadores; custos de funcionamento das máquinas e mecanismos de construção; despesas gerais) que formam o custo real dos trabalhos de construção e instalação e dos produtos de construção acabados.

A Profitagro LLC foi objeto de uma auditoria em 2016. Não foram identificadas infracções durante a auditoria.

Assim, durante a auditoria dos investimentos em activos de longo prazo, é necessário determinar a eficiência da utilização dos fundos afectados aos investimentos de capital, a atualidade, a exaustividade e a fiabilidade da contabilidade dos custos dos investimentos de capital.

3.3 Melhorar o controlo dos investimentos em activos não correntes

Deve ser dada especial atenção às demonstrações contabilísticas da empresa, à melhoria e ao desenvolvimento dos investimentos em activos a longo prazo, bem como ao seu controlo.

Na nossa opinião, as pessoas responsáveis pela realização da auditoria devem analisar as infracções identificadas, determinar as suas causas e elaborar propostas de medidas para as eliminar e prevenir no futuro.

Os empregados da organização que tenham cometido deficiências, deturpações e violações devem fornecer ao diretor explicações escritas sobre questões relacionadas com os resultados da auditoria. Com base nos resultados da auditoria dos investimentos em activos não correntes, o diretor, juntamente com os especialistas principais, deve elaborar um plano de ação para eliminar as deficiências e violações identificadas, especificando os prazos e as pessoas responsáveis.

A correção da determinação do custo previsto da construção, da aquisição de instalações e de outros investimentos em activos a longo prazo deve ser verificada separadamente. Para este efeito, é necessário determinar a razoabilidade da aplicação das taxas estimadas, dos preços contratuais, do custo previsto das obras realizadas segundo o método económico, da constituição de existências de reparação, etc.

Ao verificar a viabilidade dos investimentos para a compra de máquinas e equipamento, é necessário estabelecer a disponibilidade real de equipamento adequado na exploração, os volumes de trabalho planeados e reais, a produção média de certos tipos de máquinas e equipamento, a necessidade real e o financiamento [32].

É igualmente necessário verificar separadamente a correção da determinação do custo previsto da construção, da aquisição de instalações e de outros investimentos em activos a longo prazo. Para este efeito, é necessário determinar a razoabilidade da aplicação das taxas estimadas, dos preços contratuais, da criação de existências de reparação, do custo previsto dos trabalhos realizados segundo o método económico, etc.

Separadamente, é necessário verificar o cumprimento do procedimento estabelecido para a aceitação em funcionamento da construção de activos fixos adquiridos e concluídos, a correção da determinação do valor de inventário dos objectos, a oportunidade da sua receção no balanço da exploração.

De acordo com os resultados da auditoria realizada na Profitagro LLC, podemos constatar que o problema da contabilização dos investimentos em activos a longo prazo é a desatenção com que os gestores tratam a contabilidade.

É necessário introduzir um controlo adicional da contabilidade dos investimentos em activos a longo prazo por parte da direção da empresa. Isto implica a familiarização do gestor com os documentos contabilísticos, o seu estudo da regulamentação em vigor neste domínio. Na nossa opinião, esta abordagem permitirá gastar os fundos de forma mais racional na aquisição de activos a longo prazo e aumentar a disciplina da sua utilização pelos trabalhadores da empresa.

Além disso, em nossa opinião, é necessário introduzir uma análise da eficiência da utilização de investimentos em activos de longo prazo com base em dados contabilísticos sob o controlo direto do chefe da empresa. Neste caso, o gestor terá uma visão mais completa da situação da empresa.

É igualmente necessário desenvolver um programa de controlo interno na sociedade LLC "Profitagro". Deve ser uma totalidade funcional e organizacional do ambiente de controlo, incluindo os objectos, os sujeitos de controlo, o sistema de apoio à informação representado pela contabilidade e pelos relatórios internos e o seu método, combinando formas e técnicas adequadas de estudar os objectos de controlo utilizando uma nomenclatura significativa de procedimentos de contabilidade e controlo.

Cada elemento estrutural do sistema de controlo interno deve ser considerado tanto separadamente como no seu conjunto. Neste caso, a premissa inicial é uma afirmação inegável de que o controlo interno está disponível em qualquer entidade económica onde se desenvolva uma atividade económica e se utilizem recursos (laborais, materiais, financeiros). Mas o nível da sua organização será diferente, o que dependerá essencialmente do ambiente de controlo formado (condições básicas). As principais condições são atualmente reconhecidas como: estilo e princípios básicos de gestão da organização, distribuição de responsabilidade e autoridade, política de pessoal, estrutura organizacional.

Consideramos que esta lista de factos deve também ser completada com factos como as características tecnológicas da entidade empresarial e o grau de participação do proprietário na gestão e liderança da organização, a estabilidade económica no domínio de atividade (notoriedade da marca da empresa, imagem), alterações na política fiscal, desenvolvimento do quadro legislativo e regulamentar.

O grau de participação dos proprietários na gestão das actividades da organização é uma das condições mais importantes para a formação do sistema de controlo interno. Os proprietários (ou os seus representantes) estão interessados num elevado nível de funcionamento deste sistema. Em todos os outros casos, o seu nível será sempre inferior, pelo que podemos identificar uma correlação direta entre o nível do sistema de controlo interno e o grau (representação) da participação dos proprietários nas actividades da organização.

Assim, um dos elementos constitutivos do sistema de controlo interno deverá ser o sistema contabilístico, que constitui a informação necessária para o controlo. Por conseguinte, sem o funcionamento organizado do sistema contabilístico, é impossível criar um sistema de controlo interno.

Assim, a fim de racionalizar técnicas e procedimentos específicos no sistema de controlo interno da conta 08 "Investimentos em activos a longo prazo", propomos que a sociedade LLC "Profitagro" utilize o programa de controlo interno (Anexo 1).

A regulamentação relativa ao controlo na exploração permite racionalizar e delimitar mais claramente as actividades de controlo entre os departamentos e serviços da exploração. A duplicação e o paralelismo no trabalho dos serviços de planeamento, económicos e contabilísticos dão origem a graves deficiências na organização do controlo. Uma das razões para as deficiências na organização e na prática do controlo é o facto de muitas questões teóricas importantes desta complexa função de gestão não terem ainda sido investigadas em profundidade.

Para melhorar o controlo interno sobre os investimentos em activos a longo prazo, recomenda-se ao contabilista principal que realize uma análise anual da eficiência da sua utilização, o que contribuirá para a identificação das instalações activas e inactivas, a eficiência da sua utilização no processo de produção, o seu fornecimento à exploração. Para as instalações inactivas identificadas, são estudadas as possibilidades de as colocar em funcionamento e as medidas a tomar pela exploração para esse efeito.

Os principais métodos de controlo da utilização de activos a longo prazo são os métodos de análise económica, com a ajuda dos quais são determinados indicadores privados da utilização de tipos individuais de activos (edifícios, estruturas, camiões, maquinaria e frota de tractores, etc.), bem como indicadores gerais que caracterizam a eficiência da utilização de todos os activos fixos (retorno das existências sobre o valor da produção bruta e lucro por unidade de activos, coeficientes da sua alienação e renovação, grau de desgaste).

A utilização das formas de melhoria propostas melhorará significativamente o controlo dos investimentos em activos a longo prazo, não só na organização estudada Profitagro Ltd. mas também nas organizações agrícolas da República da Bielorrússia no seu conjunto.

CONCLUSÃO

Para resumir o trabalho, podem ser tiradas as seguintes conclusões. O objetivo deste trabalho foi alcançado e as tarefas foram resolvidas. As questões mais importantes deste tópico foram reveladas.

Na parte teórica do estudo, foram definidos o conceito e o papel do investimento em activos de longo prazo.

Todos os activos da Profitagro LLC estão classificados como investimentos a longo prazo (investimentos) ou estão incluídos nas existências. Na prática internacional, os activos a longo prazo são considerados como despesas diferidas a longo prazo. Se se pagarem rapidamente na atividade económica, é mais favorável amortizá-los num curto período de funcionamento e adquirir novos objectos.

Os activos fixos e incorpóreos requerem modernização e substituição periódicas. O lançamento de novos produtos, o desenvolvimento de novos mercados e a expansão das actividades da empresa exigem investimentos em activos a longo prazo. É claro que, se for criado um ramo de atividade completamente novo ou mesmo se um novo ramo de atividade for transformado numa filial recém-criada, os investimentos devem ser feitos não só em activos a longo prazo, mas também em activos correntes da nova empresa. No entanto, para uma empresa que investe no capital social de uma filial, estes investimentos são investimentos financeiros a longo prazo, ou seja, activos a longo prazo.

Em regra, na maioria das empresas de produção, bem como na Profitagro LLC estudada, uma parte significativa da propriedade pertence a activos a longo prazo, e a parte esmagadora dos investimentos em activos a longo prazo é constituída por activos fixos. Os activos fixos são um dos factores mais importantes de qualquer produção. O seu estado e utilização eficiente afectam diretamente os resultados finais da atividade económica das empresas.

No segundo capítulo do trabalho de investigação foi efectuada a contabilização dos investimentos em activos a longo prazo da LLC "Profitagro".

No decurso da contabilização dos investimentos em activos a longo prazo, verificou-se que a LLC "Profitagro" mantém vários documentos primários sobre a receção, o movimento e a alienação de investimentos em activos a longo prazo.

A contabilidade analítica das subcontas é efectuada por custos associados à formação do efetivo principal e tipos de animais (bovinos (suínos, equinos, etc.).

A particularidade da contabilidade das plantações perenes é que, na contabilidade analítica aberta antes do período de frutificação, os custos são contabilizados dentro de um ano civil, pelo que, anualmente, no final do período de referência, são anulados acumulando o total a débito da conta 01 "Imobilizações", da conta analítica "Plantações jovens", a crédito da subconta 08-5 "Aquisição e criação de outros activos a longo prazo".

Assim, a correspondência da conta 08 "Investimentos em activos de longo prazo" com outras contas é estabelecida em conformidade com o Anexo 8 da presente Instrução.

Os resultados da investigação conduzida permitem-nos fazer generalizações, conclusões e recomendações adequadas com vista a melhorar a contabilidade dos investimentos em activos a longo prazo na empresa investigada LLC "Profitagro".

No caso de uma dinâmica estável do rendimento das vendas, é aconselhável incluir as despesas de amortização nas despesas correntes das actividades normais da organização. A aplicação deste método de contabilização dos encargos de amortização permitirá não só reembolsar as organizações pelas despesas incorridas com a aquisição (construção, fabrico) de activos tangíveis a longo prazo, mas também acumular fundos adicionais para fazer novos investimentos de capital. Se a situação financeira de uma organização for instável durante o período de acumulação de amortizações, mas houver uma probabilidade de melhoria em períodos futuros, os encargos de amortização devem ser registados como despesas diferidas.

No decurso da reforma sistemática do sistema contabilístico da República da Bielorrússia, em conformidade com as Normas Internacionais de Relato Financeiro, um novo objeto contabilístico - as propriedades de investimento - surgiu no sistema contabilístico nacional a partir de 1 de janeiro de 2013.

As propriedades de investimento são inicialmente reconhecidas ao custo, incluindo os custos de aquisição. Subsequentemente, as propriedades de investimento são registadas ao custo menos a amortização acumulada e as perdas por imparidade. O custo das propriedades de investimento adquiridas antes de 1 de janeiro de 2015 é ajustado pela inflação. A depreciação é debitada numa base linear durante a vida útil estimada de 100 anos.

No terceiro capítulo do trabalho, é analisada a organização do controlo dos investimentos em activos a longo prazo e são apresentadas recomendações para a sua melhoria na LLC "Profitagro".

A organização controla a utilização dos investimentos em activos não correntes através da realização de inventários de activos fixos, existências e outros bens. O inventário dos activos não correntes é realizado por uma comissão especial em determinadas datas. O momento do inventário e a composição da comissão estão reflectidos no calendário de inventário. Este plano é elaborado pelo contabilista principal e, após revisão, aprovado pelo diretor da organização.

O estado atual do controlo interno dos investimentos em activos a longo prazo na LLC "Profitagro" permite-nos concluir que é necessário desenvolver e implementar um regulamento e um programa de controlo interno.

A principal responsabilidade pela implementação do controlo interno dos investimentos em activos a longo prazo na LLC Profitagro recai sobre o contabilista principal, que assegura a organização da manutenção e verificação dos investimentos em activos a longo prazo.

De um modo geral, pode constatar-se que o sistema de controlo é eficaz, como se pode verificar pela análise dos registos de inventário dos últimos anos e dos relatórios de auditoria, nos quais não foram detectadas faltas ou erros contabilísticos.

É necessário introduzir um controlo adicional da contabilidade dos investimentos em activos a longo prazo por parte da direção da empresa. Isto implica familiarizar o gestor com os documentos contabilísticos e estudar a regulamentação em vigor neste domínio. Esta abordagem permitirá gastar os fundos de forma mais racional na aquisição de activos a longo prazo e aumentar a disciplina da sua utilização pelos trabalhadores da empresa.

Além disso, a fim de racionalizar técnicas e procedimentos específicos no sistema de controlo interno da conta 08 "Investimento em activos a longo prazo" na LLC "Profitagro", propomos a utilização do programa de controlo interno.

Assim, utilizando estas recomendações na prática, o serviço de gestão e contabilidade da LLC "Profitagro" poderia sempre ter uma ideia real da eficácia dos investimentos em activos a longo prazo da empresa, antecipando as consequências da sua não rentabilidade, não esperando até que o produto final encha os armazéns da empresa.

LISTA DE REFERÊNCIAS

1. Alymov, Y., Levenkov, N., Moiseychik, G. Construção de moradias: novas abordagens / Y. Alymov, N. Levenkov, G. Moiseychik // Boletim do Banco - 2013. - № 25. - C. 4-13.

2. Belyaev, I. I. I., Korobova N. M. / Melhoria do sistema de controlo económico interno na JSC "Goretskoe" distrito de Goretsky da região de Mogilev // Pesquisa científica da juventude do século XXI Coleção de artigos científicos sobre os materiais da XVI Conferência Científica Internacional de estudantes e estudantes de pós-graduação // EE "Belarusian State Agricultural Academy". - Gorki, 2016. - 186 c.

3. Bepersch, T.I. Classificação dos activos de longo prazo [Recurso eletrónico] / T.I. Bepersch // BNTU.by. - Modo de acesso: http://www.bntu.by/news/67- conferencia-mido/3266-2015-11-30-16-14-48.html. - Data de acesso: 20.07.2017.

4. Contabilização dos investimentos em activos de longa duração [Recurso eletrónico] / Studfiles.net. - Modo de acesso: https://studfiles.net/preview/56307- 78/page:4/. - Data de acesso: 01.08.2017.

5. Verenich, G. D. Revisão e auditoria: livro didático / G. D. Verenich [et al.]; ed. por G. D. Verenich, E. N. Verbitskaya, I. V. Shcherbakova. - Minsk: BNTU, 2013. - 162 c.

6. Gridyushko, E. N., Ermolitskaya, O. V. / Contabilidade de investimentos imobiliários de acordo com as IFRS // Conferência Internacional Científica e Prática "Gestão de Sistemas Sócio-Económicos e Investigação Jurídica: Teoria, Metodologia e Prática" // Universidade Estatal de Bryansk com o nome do Académico I. G. Petrovsky Instituto de Economia e Direito. - Bryansk, 2017.

7. Documentação e contabilidade dos activos a longo prazo [Recurso eletrónico] / Biblioteca do Estudante Online. - Modo de acesso:yr:/Sh^bio- oks .net/1374653/buhgalte-rskiy_uchet_i_audit/dokumentalnoe_oformlenie_uchet_-dolgosrochnyh_aktivov. - Data de acesso: 01.08.2017.

8. Activos a longo prazo [Recurso eletrónico] / Allbest.ru. - Modo de acesso: http://revolution.allbest.ru/audit/00284473_0.html. - Data de acesso: 28.07.2017.

9. Ermolitskaya, O. V. / Prática de aplicação de avaliação e contabilidade de investimentos imobiliários na República da Bielorrússia // Finanças: aspectos teóricos, problemas e perspectivas de desenvolvimento Coleção de artigos científicos sobre os materiais da V-th conferência científico-prática // EE "Belarusian State Agricultural Academy". - Gorki, 2017. - C.

10. Investimentos estrangeiros em janeiro-junho de 2017 [Recurso eletrónico] /

Comité Nacional de Estatística da República da Bielorrússia. - Modo de acesso: http://www.belstat.-gov.by/ofitsialnayastatistika/makroekonomika-i-okru-zhayushchaya-sreda/finansy/operativnaya-informatsiya_14/ob-inostrannyh-inves-titsiyah2/. - Data de acesso: 20.07.2017.

11.   Klippert, E.N. Contabilidade: livro de texto / E.N. Klippert, A.S. Chechetkin. Klippert, A.S. Chechetkin. - Minsk : Registo, 2014. - 448 c.

12.   Kutselai, E.V. Contabilidade e controlo de investimentos em activos de longo prazo / E.V. Kutselai, T.E. Ruban // Contabilidade e análise da atividade económica no sector agrícola e seu apoio financeiro Coleção de artigos científicos sobre os materiais da XVI Conferência Científica Internacional de estudantes e estudantes de pós-graduação // EE "Belarusian State Agricultural Academy". - Gorki, 2015. - 186 C.

13.   Makeenko, G. I. Os métodos de investigação das operações económicas na construção por um perito-contador [Recurso eletrónico]. - Modo de acesso: http://www.bseu.by:8080/bit-stream/edoc/58968/1/Makeenko_G._I..pdf. - Data de acesso: 07.08.2017.

14.   Normas Internacionais de Relato Financeiro // Sistema jurídico analítico "Business-info" [Recurso eletrónico]. - 2017. - Modo de acesso: www.bisiness-info.by. - Data de acesso: 18.08.2017.

15.   Norma Internacional de Contabilidade (IAS) 16 "Activos fixos tangíveis" [Recurso eletrónico] / minfin.ru. - Modo de acesso: https://www.min- fin.ru/common-/upload/library/2015/01/main/IAS16.pdf. -Data de acesso: 22.07.2017.

16.   Norma Internacional de Contabilidade (IAS) 17 "Locações" [Recurso eletrónico] / minfin.ru. - Modo de acesso: https://www.minfin.ru/- common/upload/library-/no_date/2012/ias_17.pdf. - Data de acesso: 23.07.2017.

17.   Norma Internacional de Contabilidade (IAS) 20 "Contabilização dos Subsídios do Governo e Divulgação de Assistência Governamental" [Recurso eletrónico] / minfin.ru.   -   Modo   de   acesso: https://www.minfin.ru/com-mon/upload/library/no_date/2013/ias-_20.pdf. - Data de acesso: 23.07.2017.

18.   Norma Internacional de Contabilidade (IAS) 23 "Custos de Empréstimos Obtidos" [Recurso eletrónico] / minfin.ru. - Modo de acesso: https : //www. minfin.ru/common-/upload/library/no_date/2013/IAS_23 .pdf. - Data de acesso: 23.07.2017.

19.   Norma Internacional de Relato Financeiro (IFRS) 5 "Activos Não Correntes Detidos para Venda e Operações Descontinuadas". [Recurso eletrónico] / minfin.ru. - Modo de acesso: https://www.min- fin.ru/common/upload/library/2014/02/main/-IFRS_05_-36n.pdf. -Data de acesso: 22.07.2017.

20. IAS 40 "Propriedades de Investimento". [Recurso eletrónico] / Studfiles.net. - Modo de acesso: https://studfiles.net/preview/3178691/page:30/. - Data de acesso: 29.07.2017.

21. Novidades na contabilidade dos activos de longo prazo [Recurso eletrónico] / BELTA. Notícias da Bielorrússia. - Modo de acesso: http://m/belta.by/ onlinecon-ference/view/novoe-v-buhgalterskom-uchete-dolgosrochnyh-aktivov-588. - Data de acesso: 12.08.2017.

22. Sobre as questões de acumulação de depreciação de activos fixos e intangíveis em 2017 [recurso eletrónico]: Resolução do Conselho de Ministros da República da Bielorrússia, 30 de janeiro, n.º 84 // Kodeksy-by.com. 2017, № 84 // Kodeksy-by.com. - Modo de acesso: http://kodeksyby.com/norm -_akt/source-CM%20RB/type - Resolution/84-30.01.2017.yt. - Data de acesso: 22.07.2017.

23. Sobre o estabelecimento das formas de documentos primários na construção [Recurso eletrónico]: a resolução do Ministério da Arquitetura e Construção da República da Bielorrússia, 29 de abril de 2011, № 13 // Lei Legislação da República da Bielorrússia. 2011, № 13 // Legislação da República da Bielorrússia. - Modo de acesso: http://www.levonevski.net/pravo/norm2013/num- 09/d09785.html. - Data de acesso: 02.08.2017.

24. Organização e estado do controlo intra-agrícola dos activos biológicos a longo prazo [Recurso eletrónico] / Biblioteca do estudante online. - Modo de acesso: http://studbooks.net/1389449/buhgalterskiy_uchet_i_-audit/organizatsiya_sostoyanie_vnutrihozyaystvennogo_kontrolya_dolgosrochnyh_bi ologicheskih_aktivov. - Data de acesso: 13.08.2017.

25. Activos fixos da República da Bielorrússia [Recurso eletrónico] / Comité Nacional de Estatística da República da Bielorrússia. - Modo de acesso: http://www.belstat.gov.by/-ofitsialnaya-statistika/makroekonomika-i-okruzhayush-chaya-sreda/finansy/godovyedannye-_14/osnovnye-sredstva-respubliki-belarus_/. - Data de acesso: 24.07.2017.

26. Pavlovich, T. P. Revisão e auditoria: respostas a perguntas de exame / T. P. Pavlovich, E. G. Pavlovich. - Minsk :TetraSystems, 2009. - 240 c.

27. Ponomarenko, P. G. Contabilidade: livro didático para universidades / P. G. Ponomarenko. - Minsk: Vysheyshaya Shkola, 2013.

28. O conceito de investimentos em activos de longo prazo, sua classificação, tarefas contabilísticas [Recurso eletrónico] / Palestras. Com. - Modo de acesso: http://lek-tsii.com/2-5374.html. - Data de acesso: 25.07.2017.

29. O conceito e os tipos de investimentos em activos de longa duração e as tarefas

da sua contabilização [Recurso eletrónico] / My Library. - Modo de acesso: http://mybiblioteka. su/1-67343.html. - Data de acesso: 15.07.2017.

30.   O conceito, a essência, a classificação dos activos a longo prazo e as tarefas da sua contabilidade [Recurso eletrónico] /Studopedia.ru. - Modo de acesso: yyr://z1:iyo-pedia.ru/13_157485-_razdel-.html. - Data de acesso: 28.07.2017.

31.   Rybak, T., Naumchik, O. Auditoria obrigatória: o que é que vai ser controlado? // Chefe de Contabilidade. - 2013. - № 24. - C. 112.

32.   Tópico 1 Bases teóricas do controlo económico [Recurso eletrónico] / Studmed.ru. - Modo de acesso: http://www.studmed.ru/view/lekcii-po- disciplina-kontrol-i-reviziya-2011-god_7f499d8.html. - Data de acesso: 09.08.2017.

33.   Tópico 14. Investimentos e aumento da sua eficiência [Recurso eletrónico]: um curso de palestras / Studfiles.net. - Modo de acesso: https://studfiles.net-/preview/3104529/. - Data de acesso: 28.07.2017.

34.   Tema 6: Auditoria de activos a longo prazo [Recurso eletrónico] / Studo-pediYa. - Modo de acesso: http://studopedia.su/4_2381_tema--audit-dolgosrochnih-aktivov.html. - Data de acesso: 09.08.2017.

35.   Chechetkin, A. S. Contabilidade e auditoria: livro didático / A. S. Chechetkin, S. A. Chechetkin. - Minsk: centro de processamento de dados do Ministério das Finanças, 2017. - 552 c.

36.   Shcherbatyuk, S.Y. International Standards of Accounting, Financial Reporting and Audit: a lecture note for speciality 1-25 01 08 Accounting, Analysis and Audit / S.Y. Shcherbatyuk; Grodno State Agrarian University. 1-25 01 08 Contabilidade, Análise e Auditoria / S.Y. Scherbatyuk; Universidade Estatal Agrária de Grodno. - Grodno. - 2010. - 156 c.

APÊNDICE

Programa de controlo interno para a conta 08 "Investimentos em activos a longo prazo"

Nome do procedimento	Secção do sistema de controlo interno	Calendário da inspeção	Executores
Exame do processo de utilização de activos fixos transferidos de investimentos de rendimento	Verificação dos activos fixos tangíveis	uma vez por ano	Diretor, contabilista principal
Procedimento para a determinação do custo do bem alugado	Verificação dos activos fixos tangíveis	Aquando da receção dos activos locados	Chefe de contabilidade
Conformidade dos termos e condições do contrato de locação financeira Balanço financeiro com os termos e condições do contrato de locação financeira	Verificação dos activos fixos tangíveis	Aquando da receção dos activos locados	Chefe de contabilidade
Avaliação da informação sobre a disponibilidade de benfeitorias inseparáveis de imóveis arrendados (locados)	Verificação dos activos fixos tangíveis	uma vez por ano	Chefe de contabilidade
Verificação das operações quanto à oportunidade e à razoabilidade da anulação dos activos imobilizados no final do contrato de locação	Verificação dos activos fixos tangíveis	No momento do abate de activos fixos	Chefe de contabilidade
Verificação da correção da inclusão de bens no equipamento a instalar	Verificação dos investimentos em activos não correntes	uma vez por ano	Contabilista de activos fixos
Verificação das provas documentais da transferência de activos para instalação	Verificação dos investimentos em activos não correntes	uma vez por ano	Contabilista de activos fixos
Verificação da contabilização das despesas relacionadas com a aquisição de activos fixos	Verificação dos investimentos em activos não correntes	Aquando da aquisição de activos fixos	Chefe de contabilidade
Verificação da classificação das despesas de restauração de activos fixos	Verificação dos investimentos em activos não correntes	uma vez por ano	Contabilista de activos fixos
Pedido de fornecimento de informações sobre restaurações de SO em curso	Verificação dos investimentos em activos não correntes	Após a recuperação do EPI	Chefe de contabilidade
Disponibilidade de documentação de defeitos para activos fixos transferidos para restauro	Verificação dos investimentos em activos não correntes	Após a recuperação do EPI	Chefe de contabilidade

Nota: Elaboração própria.

Buy your books fast and straightforward online - at one of world's fastest growing online book stores! Environmentally sound due to Print-on-Demand technologies.

Buy your books online at
www.morebooks.shop

Compre os seus livros mais rápido e diretamente na internet, em uma das livrarias on-line com o maior crescimento no mundo! Produção que protege o meio ambiente através das tecnologias de impressão sob demanda.

Compre os seus livros on-line em
www.morebooks.shop

Printed by Books on Demand GmbH, Norderstedt / Germany